HF368576

LES CHEVALIERS DU CYGNE,

OU

LA COUR DE CHARLEMAGNE.

TOME PREMIER.

On la trouva baignée dans son sang.

LES CHEVALIERS DU CYGNE,

OU

LA COUR DE CHARLEMAGNE;

Conte historique et moral, pour servir de suite aux Veillées du Château, et dont tous les traits qui peuvent faire allusion à la révolution française, sont tirés de l'Histoire.

PAR MADAME DE GENLIS,

Auteur du Théâtre d'éducation, d'Adèle et Théodore, etc.

Et coupable un moment, on est puni toujours.
THOMAS CORNEILLE.

Si les adversités, qui ne regardent que les biens de la fortune, dont un ami se voit dépouillé, sont une raison de s'attacher à lui avec plus de zèle, et de faire pour lui de plus grands efforts, la perte de l'innocence, quand elle ne vient pas d'une dépravation sans ressource, est un motif bien plus pressant de voler au secours d'un homme qui tâche lui-même de se relever de sa chute. SETHOS, liv. 8.

TOME PREMIER.

A HAMBOURG,

Chez P. F. FAUCHE, Imprimeur et Libraire.

(1797.)

AVERTISSEMENT
DE L'ÉDITEUR.

*L*E *dernier volume des* Veillées du Château *n'est point fait pour l'enfance, et contient trois Contes moraux (tous trois d'un genre absolument différent)* : Les deux Réputations, *peignant les mœurs du grand monde et des gens-de-lettres* : Le Palais de la Vérité, *qui est une féerie :* Daphnis et Pandrose, *copte mythologique.*

L'Auteur avoit annoncé, en donnant ces contes, que s'ils avaient quelques succès, elle en donnerait encore un. Le nombre prodigieux d'éditions qu'on a faites de cet ouvrage depuis sept ans , tant en France que dans les pays étrangers , doit convaincre l'Auteur qu'aucune de ses productions n'a été plus goûtée du public.

En conséquence elle donne aujourd'hui ce Conte de Chevalerie, pour servir de suite aux trois autres.

ÉPITRE DÉDICATOIRE

A *****.

MALGRÉ l'interruption totale de notre correspondance depuis six ans, je n'ai point oublié les preuves d'amitié que j'ai reçues de vous, et l'engagement que j'ai pris de vous dédier ce Conte, qui fut d'abord intitulé : *Les petits Talons* ; il est bien juste de vous en faire l'hommage, puisque je ne l'aurais jamais écrit sans le *voyage de la caverne de R***.*

Recevez ce dernier témoignage d'un sentiment fondé sur une estime trop sincère, pour qu'aucun événement ait pu l'altérer.

PRÉFACE.

Les neuf premiers chapitres de cet Ouvrage ont été faits deux ans avant la révolution. Je les ai lus dans le tems à plusieurs personnes qui verront que je n'y ai rien changé, car mes principes n'ayant jamais varié, les évènemens publics n'ont eu aucune influence sur mes opinions et sur mes sentimens. Et c'est un fait qu'il est aisé de vérifier en parcourant mes écrits ; on trouvera dans tous la même horreur du despotisme et de l'intolérance ; le même respect pour la religion et les mœurs, et les mêmes sentimens d'humanité, de générosité et d'intérêt pour le peuple ; le même mépris du préjugé de la naissance, et le même amour de l'ordre, de la justice et de la vertu. Il est plus facile que jamais de calomnier les individus, mais il est impossible de calomnier des Ouvrages qui sont traduits dans toutes les langues de l'Europe, et dont on a fait en peu d'années un prodigieux nombre d'éditions ; c'est pourquoi quelques gazettes et des libelles, en déchirant ma personne avec autant d'acharnement que d'absurdité, gardent en même tems un silence absolu sur mes Ouvrages. Cependant ces Auteurs anonymes ne me connaissent sûrement pas personnellement ; et dans ce cas, il serait plus raisonnable de se former une idee de mon caractère et de mes principes, d'après ce que j'ai écrit en quatorze années de tems, et en 21 volumes, que de me juger sur des *ouï-dires* ; et quels *ouï-dires*, et dans quels tems (*) ! Au reste, je

---

(*) Je consens aussi à être jugée sur mes élèves, j'y gagnerais plus encore qu'à l'être sur mes écrits. — J'ai placé à la tête d'un ouvrage, qui est maintenant sous presse, un discours préliminaire intitulé : *Precis de ma conduite depuis la révolution.* J'y prouve, par des faits irrécusables : 1°. que, d'après les décrets les plus rigoureux contre mes compatriotes voya-

saisis l'occasion de déclarer ici une vérité, dont ceux qui me connaissent ne doutent pas ; c'est que toutes ces méchancetés et ces calomnies ne me font pas la moindre impression ; elles n'en produisent aucune sur les personnes éclairées et impartiales, et j'en ai la certitude par l'hospitalité généreuse que je trouve en ce pays, et par l'accueil et les marques d'intérêt que j'y reçois. Je n'ajouterai point à mes malheurs celui de me livrer à l'esprit de parti, et par conséquent à l'injustice, à l'aigreur, à la haine ; tous les mal-

---

geurs, je ne suis point émigrée, quoique je sois dans les pays étrangers depuis près de quatre ans, ayant quitté la France en 1791 ; 2°. que je n'ai eu ni la volonté, ni la possibilité de me mêler des affaires ; et 3°. qu'invariable dans mes sentimens, en conservant dans tous les temps l'amour de la patrie et de la liberté, j'ai conservé de même mon profond mépris pour l'intrigue et l'horreur que doivent inspirer l'injustice et la cruauté. J'ajouterai que dans ce précis de ma conduite, j'avance des faits incontestables, mais sans accuser et sans compromettre qui que ce soit. Les personnes dont je pourrais me plaindre ont éprouvé des malheurs qui m'ôtent le droit de parler d'elles.

heureux ont des droits puissans sur
mon cœur. Ce sentiment si naturel
a dû s'exalter encore depuis quatre
ans ! Pourrais-je le refuser à mes
compatriotes , quelles que soient
leurs opinions ! Ah ! s'il en est un seul
dont l'honorable confiance n'ait pas
obtenu de moi ou des services ou des
secours , si jamais j'ai repoussé les
plaintes ou les demandes d'un infortuné , qu'il parle, qu'il élève sa voix
contre moi , et je cesserai d'é-
crire sur la religion et sur la morale (*). J'ai livré cet Ouvrage à l'impression dans les premiers jours d'oc-
tobre 1794. Différens incidens en ont
retardé l'impression (**) ; mais il
était totalement fini il y a près de
deux ans , je n'y ai rien changé de-

___

(*) Je dois dire cependant que depuis un an,
c'est-à-dire depuis que je suis dans l'heureux pays
que j'habite maintenant, je n'ai éprouvé ni persécutions, ni méchancetés. Apparemment que la
matière est épuisée; car il me semble que les trois
années précédentes ont dû remplir la mesure.

(**) Entr'autres le retard d'un envoi de papier
de Hollande , chargé sur un vaisseau qui a été
retenu plusieurs mois par les Français.

puis, seulement j'y ai ajouté quelques notes.

Nous avons dans notre langue plusieurs romans historiques fort agréables, presque tous faits par des femmes (*) ; mais aucun ne présente la peinture des mœurs et des usages du tems qu'ils rappellent, tous sont dépourvus de recherches historiques, et l'on n'y trouve ni développemens de sentimens et de caractères, ni but moral. Une douzaine de noms pris dans l'histoire, et deux ou trois faits connus de tout le monde, forment tout le fond de chacun de ces Ouvrages. J'ai tâché d'éviter ces défauts ; il ne fallait pour cela que du travail et non du génie ; et j'ai placé à la fin de chaque volume des notes historiques, afin que les inventions de l'auteur ne fussent pas confondues

____

(*) Nos meilleurs romans (faits par des femmes) ne sont point ceux-là ; car la *Princesse de Clèves*, les *Lettres Péruviennes*, les ouvrages de madame Riccoboni, et quelques autres romans charmans plus modernes encore, ne sont point des romans historiques.

avec les évènemens qui appartiennent à l'histoire. J'ai relu avec soin
tout ce qui pouvait avoir rapport au
tems dont je parle ; j'ai mis en action
tous les usages les plus brillans et les
plus intéressans de l'ancienne chevalerie, et je crois avoir peint avec vérité les deux hommes les plus fameux
de ces siècles ; Charlemagne, et le
calife Aaron. On a souvent tracé le
contraste d'un monarque parfait et
d'un despote, mais on a toujours
tellement chargé le caractère du dernier, qu'un semblable tableau ne
saurait être utile. Il est ridicule de
composer un Ouvrage pour établir
une vérité si triviale, qu'elle est gé-
néralement saisie et sentie par les es-
prits les plus grossiers et par les
ames les moins généreuses. Une femme, sans être vertueuse, peut mé-
priser une courtisane, et il n'est
pas nécessaire qu'un prince ait l'ame
de Trajan ou de Henri IV, pour détes-
ter Néron et Caligula. Un tyran qui
ne veut régner que par la terreur,

Qui n'a plus rien d'humain que la forme et l'orgueil (*),
est un monstre à tous les yeux.
Quand j'enseignais l'histoire aux enfans malheureux qui m'ont été con-
fiés, je ne faisais jamais de réflexions
sur le caractère de Louis XI et des
princes qui lui ressemblent. Je me
contentais de lire le détail de leur
conduite ; mais je m'attachais à
déshonorer dans l'esprit de mes
élèves la mémoire des princes qui
ont allié à des qualités aimables des
faiblesses et des vices funestes, et
dont les exploits ont été flétris par
des actions criminelles. C'est dans
cet esprit que j'ai tracé le caractère
d'*Aaron*; je l'ai peint, non tel que
les historiens éblouis de sa gloire
veulent nous le représenter, mais
tel qu'il dut être, d'après ce que nous
savons de son histoire ; grand guerrier, souverain despote, et prince
affable et populaire, doué par la
nature des vertus les plus précieuses

____

(*) Vers de Dufresni.

et les plus brillantes, rempli d'esprit et de graces, né sensible et magnanime, protecteur éclairé des talens et des arts, mais corrompu par l'orgueil; et en le montrant environné de tous les prestiges de la gloire, en lui conservant tant d'agrémens et de qualités éclatantes, je crois l'avoir rendu haïssable, même avant l'époque où l'orgueil qui le domine et qui se mêle à toutes ses actions, lui fait enfin commettre un crime exécrable. Tel a été mon projet; j'ai pu l'exécuter mal, mais du moins l'idée est neuve et véritablement morale.

D'après le même principe, j'ai peint une *coquette* avec l'intention de préserver les jeunes personnes de *l'ambition des conquêtes*. Je ne pouvais donner une ame sensible à l'artificieuse Armoflède, car une coquette aussi décidée ne peut avoir un bon cœur; mais je l'ai revêtue de toutes les formes les plus séduisantes, et après l'avoir bien avilie par ses succès mêmes, j'ai fini par la rendre atroce. En même tems j'ai opposé à l'intrigante et vile Armoflède, le contraste des caractères de Célanire, de Béatrix et de Maria. L'auteur d'un roman célèbre a voulu rendre son héroïne intéressante par sa faiblesse même, et cette idée est certainement pernicieuse en morale, sur-tout lorsque la faiblesse de l'héroïne est accompagnée de circonstances qui la rendent absolument inexcusable ; pour moi j'ai voulu prouver qu'une ame véritablement noble et vertueuse, ne se pardonne jamais un égarement, et ne peut se consoler de la perte de l'innocence. J'ai voulu rendre Célanire et Maria intéressantes, non par leurs fautes, mais par leurs remords et par leurs malheurs. J'ai représenté deux amans passionnés, sacrifiant le devoir à l'amour ; mais cette peinture, loin d'offrir l'image du bonheur, ne présente qu'un état affreux dont la violence même de l'amour ne peut qu'augmenter l'amertume. Enfin, j'ai voulu rappeler, par de grands exemples, à ces vertus antiques et sublimes qui ont honoré des siècles que nous nommons *barbares*. Je n'ai point eu le projet de *rétablir la chevalerie*, mais j'ai cru que la générosité, l'humanité, la loyauté des anciens Chevaliers affermiraient mieux *une république* que les principes de Marat et de Robespierre; et, graces au ciel, les Français, revenus à leur premier caractère, sont aujourd'hui dirigés par ces nobles sentimens.

Un des grands avantages des romans historiques (si l'on sait tirer parti des faits que présente l'histoire) est de donner à la morale l'autorité si puissante de l'expérience et de l'exemple. Il est impossible qu'un personnage imaginaire produise autant d'impression qu'un héros dont la gloire a consacré le nom; j'ai puisé dans l'histoire tous les traits brillans et toutes les actions sublimes inspirées par l'amitié, par l'amour et par la générosité, qui sont répandus dans cet Ouvrage. En peignant tout ce que l'héroïsme peut offrir de plus noble et de plus touchant, je n'ai rien inventé, je n'ai été que l'historien de la vertu. Les mêmes recherches historiques m'ont aussi fourni tous les faits qui forment dans les deux derniers volumes de ce roman tant d'allusions frappantes avec les évènemens dont l'Europe est le théâtre depuis six ans, et l'on s'en convaincra en lisant les notes historiques renvoyées à la fin de chaque volume. J'ai tâché de répandre quelqu'intérêt sur ces notes, et je crois que, réunies au roman, elles donneront une idée nette et précise des mœurs, des usages, des principaux personnages, et des faits les plus intéressans des siècles que j'ai voulu peindre. Je me flatte que cet Ouvrage sera utile à plusieurs égards ; je suis certaine du moins qu'il ne *corrompra* personne, et qu'il intéressera les ames sensibles ; mais je ne m'abuse point sur ses défauts. Je lui en connais beaucoup. Il me semble

qu'en général j'ai fait un usage assez
heureux des traits que m'a fournis
l'histoire, et que j'ai mis sur la scène
avec assez d'art tous les grands personnages de ce tems , à l'exception
de la fameuse *Irène* , Impératrice de
Constantinople ; je ne la fais paroître
que pour présider à un tournoi, et
pour *donner une chaîne de pierre-*
ries. On pouvait (sans un grand effort
d'imagination) lui faire jouer un rôle
plus imposant, et tirer de son caractère un parti plus ingénieux. Dans
mon premier plan je faisais reparaître cette femme célèbre. L'épisode
qu'elle me fournissait eût été aussi
long que celui de Giaffar ; j'ai mieux
aimé le soustraire que le gâter en l'a-
brégeant. J'aurais dû le conserver ,
ajouter quelques autres développemens et plusieurs détails à l'histoire
de mes héros ; tout cela aurait formé
un volume de plus , mais je voulais
finir. Par la même raison , le caractère de *Theudon* n'offre qu'une très-
faible et très-mauvaise esquisse, ce

qui est d'autant moins pardonnable, qu'il joue un rôle important ; il fallait aussi rendre *Roger* et le *jeune Guichard* plus intéressans , et la *vertueuse Amalberge* moins inutile. J'ai aussi trop resserré l'histoire d'Axiane ; des personnes d'un goût très-pur , que j'ai consultées , ont trouvé dans ce petit épisode un intérêt particulier et quelque chose d'original , qui fait desirer qu'il eût été plus étendu ; et après cette histoire, qui a rendu Axiane intéressante , il n'est presque plus question d'elle , on sait à peine ce qu'elle devient. Voilà, je crois, les principaux défauts de cet Ouvrage ; je ne doute pas que *plusieurs Ecrivains* n'en découvrent beaucoup d'autres ; mais quelles que soient les critiques, elles ne m'engageront point dans des discussions littéraires. Je lirai avec reconnaissance et plaisir celles qui me paraîtront judicieuses (car une bonne critique est un excellent conseil) ; je les méditerai en silence , persuadée que la meilleure manière d'y répondre, est d'en profiter.

Quant aux libelles anonymes, *pseudonymes*, etc., comme on les a trouvés jusqu'ici aussi dépourvus de sel et d'esprit que de vérité, leurs auteurs me devraient quelque indulgence, puisque,

Je n'ai pas entrepris de plaire à tous les sots (*).

J'ajouterai que depuis quinze ans, constamment encouragée par le public, je n'ai besoin d'aucune philosophie pour supporter sans peine et sans aigreur les petites injustices de quelques Ecrivains inspirés ou payés par la haine ; d'ailleurs,

. . . . . . *il mio cor mai non teme*
di non dar fine a cosa che cominci.

______

(*) La Chaussée.

TABLE

DES CHAPITRES

DU PREMIER VOLUME.

Fin de la Table des Chapitres.

LES

LES CHEVALIERS DU CYGNE,

OU

LA COUR DE CHARLEMAGNE,

CONTE HISTORIQUE ET MORAL.

CHAPITRE PREMIER (*).

Les Adieux.

Plus le sort nous élève au-dessus du vulgaire,
Plus il nous met en butte à ce juge sévère.
Blanche et Guiscard de SAURIN.

JE ne regrette point ce temps fabuleux de l'age d'or, si vanté par les poëtes : des hommes indolens, sans passions, sans desirs, et guidés par le seul instinct, ne présentent à mon imagination qu'un tableau plus insipide qu'in-

____

(*) Il faut se rappeler que les neuf premiers chapitres de cet ouvrage ont été faits long-temps avant la révolution.

Tome I.   A

téressant ; les talens et les arts, ces dons brillans, fruits heureux du génie, n'ont embelli la terre que depuis la fuite d'Astrée ; avec la perte de l'innocence, je vois, il est vrai, les crimes se répandre sur la surface de l'univers, mais aussi je vois naître des vertus sublimes, je vois les nobles combats du devoir et des passions, mes idées s'étendent, mon ame s'élève, je puis admirer ! je connais la gloire !.... O siècles brillans de l'antique chevalerie ! c'est vous que je veux célébrer ! On me demande des tableaux naïfs, nobles et touchans, et je ne les chercherai que dans vos fastes glorieux. Quand je voudrai peindre les artifices de la coquetterie, le manège des courtisans, l'art perfide et frivole de séduire et de tromper, il me suffira de regarder autour de moi. Mais si je veux peindre l'amour constant er passionné, l'amitié sublime et fidèle, l'enthousiasme de la gloire et de la vertu, où trouverai-je des modèles si parfaits ? Hélas ! cherchons-les dans l'histoire, puisque le siècle où je suis née ne pourrait me les offrir.

Parmi ces braves guerriers, et cette brillante jeunesse, l'ornement et la gloire de la cour de CHARLEMAGNE,

on distinguait sur-tout deux jeunes chevaliers également célèbres par leur vaillance, leurs exploits, et la vive et tendre
amitié qui les unissait l'un à l'autre. Ils
étaient frères d'armes : entreprises, dangers, fortune, tout entr'eux était commun, jusqu'à leur devise : *La gloire et
l'amitié ;* et ils avaient fait peindre sur
leurs boucliers un *Cygne*, avec ces
mots : *Candeur* et *Loyauté.* Delà vint
le surnom qu'on leur donnait à la cour :
on les appelait communément les *Chevaliers du Cygne.* ISAMBARD et OLIVIER
(c'est ainsi que se nommaient ces deux
fidèles amis) étaient particulièrement
honorés de la bienveillance de l'Empereur. Ils avaient fait leurs premières
armes sous les yeux de ce héros, qui,
charmé de leur zèle et de leur courage,
s'était plu à les combler d'honneurs et
de bienfaits. Il aimait particulièrement
Olivier, qui avait été l'ami le plus cher
de son neveu, le célèbre et malheureux
Roland, tué à la déroute de Roncevaux.
Olivier, blessé dangereusement à cette
bataille, en volant au secours de Roland, et en l'arrachant des mains des
ennemis, lui épargna la douleur de
mourir prisonnier, mais ne put lui sauver la vie. Roland expirant, remit entre

les mains de son ami l'épée qu'il avait illustrée par tant d'exploits ; la fameuse et redoutable *durandal*. C'était, dans ces anciens temps, le don le plus honorable qu'un chevalier pût faire en mourant. Olivier regretta profondément ce héros : l'amitié d'Isambard put seule le consoler ; il retrouvait dans ce jeune chevalier toutes les grandes qualités de Roland, réunies à un caractère plus intéressant et plus aimable. Olivier, plus âgé de deux ans que son ami, joignait à tous les agrémens extérieurs, à la figure la plus intéressante, une ame profondément sensible, un esprit juste et délicat, un caractère plein de franchise. Il était naturellement porté à la mélancolie. Cette disposition donnait à sa physionomie une douceur touchante ; on remarquait dans toutes ses actions un certain air de nonchalance et de timidité qui avait en lui une grace particulière. Il plaisait sans paraître jamais ni le desirer ni le savoir ; mais il avait tant d'expression dans le regard, et des manières à la fois si nobles, si simples et si obligeantes, qu'il était impossible de prendre sa réserve pour du dédain ou de l'insouciance ; on ne pouvait, au contraire, l'attribuer qu'à la modestie, à l'ignorance absolue des avantages qu'il possédait. Cependant, avec un extérieur si doux, il avait des passions violentes, et lorfqu'il était vivement affecté, rien n'égalait l'impétuosité de ses premiers mouvemens.

Isambard avait un caractère bien différent. Sa physionomie fine et spirituelle annonçait et inspirait la gaîté ; il avait une égalité d'humeur inaltérable, et quoiqu'il eût l'air de l'étourderie et de la légèreté, l'élévation et la générosité de son ame le rendaient capable de faire sans effort les sacrifices et les actions les plus héroïques. Le cœur d'Isambard était encore libre, et n'avait jamais connu l'amour. On ne se pressait point alors de faire un choix ; c'était une importante affaire, et qui décidait du destin de la vie. Cependant on voyait à la cour de Charlemagne plusieurs beautés dignes de fixer les regards et d'inspirer des sentimens durables. On remarquait sur-tout la reine, épouse de Louis ; les princesses, filles de l'empereur Emma, Rotrude et Berthe (*) ; la belle et vertueuse Amal-

____

(*) Il y eut deux princesses de ce nom : la mère de Charlemagne, surnommée *Berthe au*

berge, et la brillante Armoflède : mais celle qui réunissait tous les suffrages et qui excitait une admiration générale par l'éclat de sa beauté, ses graces, sa modestie et ses vertus, c'était la charmante CÉLANIRE. Elle était fille unique du fameux VITIKIND, ce héros magnanime, chef des Saxons, qui brava si long-temps la puissance de Charlemagne; qui, souvent défait, jamais abattu, intrépide dans les combats, fier et sublime dans l'adversité, sut résister à la force, et ne céda qu'aux bienfaits et à l'amitié. Eclairé par les lumières du christianisme, devenu l'ami de son vainqueur, il était pour jamais fixé à la cour de Charlemagne. Le brave ALBION, son élève et son lieutenant, avait suivi son exemple et partagé son sort. Vitikind lui destinait sa fille ; et, malgré les regrets et les vœux des chevaliers français, il était permis à l'heureux Albion de regarder Célanire comme le prix de ses glorieux travaux et de sa fidélité au parti de Vitikind. Après Célanire, la plus belle personne de la cour était la REINE HERMENGARDE, épouse de

---

long pied (parce qu'elle avait, dit-on, un pied plus long que l'autre), et *Berthe*, fille de ce prince.

Louis (*). Cette princesse traitait avec
une bonté particulière *les Chevaliers
du Cygne*; elle distinguait Isambard,
dont l'entretien l'amusait, et dont la
gaîté semblait lui plaire. Ces distinctions furent remarquées, et bientôt l'envie les interpréta malignement. Isambard apprit avec surprise que l'on commençait à répandre sourdement qu'il
osait élever ses vœux jusqu'à la reine,
et que cet hommage audacieux et criminel n'était point dédaigné. Alors il
prit le parti de s'éloigner pour un temps
de la cour, et il obtint de Charlemagne
la permission de voyager. Olivier approuva son dessein, et lui proposa, en
soupirant, de le suivre. Je sens, lui dit
Isambard en riant, que vous feriez un
sacrifice, et je ne l'accepterai point.
Mon cher Olivier, un lien secret vous
retient ici, je l'ai facilement pénétré;
puisse-t-il assurer le bonheur de votre
vie! A ces mots, Olivier embrassa son
ami avec attendrissement. Si je vous
étais nécessaire, lui dit-il, je vous sui-

____

(*) La première femme de Charlemagne s'appelait Hermengarde; mais sa belle-fille, femme
de Louis, surnommé depuis le Débonnaire, se
nommait aussi Hermengarde.

vrais, je quitterais tout pour vous, et vous n'en doutez pas : croyez encore que si je vous cache un secret, c'est que l'honneur me défend de vous le découvrir.

C'est ainsi que se séparèrent les *Chevaliers du Cygne*, et telle était l'amitié dans ces temps réculés ; toujours pure et généreuse, capable des sacrifices les plus pénibles, elle n'exigeait cependant pas que l'on trahît pour elle les secrets de l'amour. Isambard avait même eu la délicatesse de ne s'expliquer que vaguement ; mais il croyait avoir entièrement pénétré le secret de son ami. Il était persuadé qu'Olivier était aimé, et partageait les sentimens d'Armoflède, une jeune personne attachée à la reine Hermengarde, et l'amie la plus chère de la belle Célanire ; d'ailleurs depuis plus d'un an, toute la cour pensait comme lui à cet égard.

CHAPITRE II.

Le Triomphe.

He comes, and with a port so proud (*)
As if he had subdu'd the spacious world
. . . .
While from te Scaffolds, windows tops of houses
Are cast susch gawdy show'rs of garlands down
That ev'n the crowd appear like conquerors
And the whole city seems like one vast meadow
Set all with flow'rs as a clear heav'n with stars.

LEE.

ISAMBARD partit pour Constantinople ; il brûlait du desir d'admirer de près cette célèbre Impératrice qui régnait avec tant d'éclat sur le trône des Césars. IRÈNE ne vit pas sans émotion un chevalier français honoré de l'amitié de Charlemagne, elle qui, éblouie de la gloire et de la renommée du vainqueur de Didier et de Vitikind, avait voulu

---

(*) On trouvera réunies à la fin de ce volume, les traductions des épigraphes anglaises et italiennes, avec l'indication des chapitres auxquels elles appartiennent.

A 5

jadis unir sa destinée à celle de ce héros (*). Isambard reçut d'elle l'accueil le plus flatteur ; l'Impératrice desirant même étaler à ses yeux toute la magnificence de sa cour, on ordonna des jeux publics , dans lesquels elle devait distribuer les prix de l'adresse et de la valeur. Isambard vit à la cour d'Irène un prince fugitif, triste exemple des vicissitudes humaines : c'était ADALGISE, fils de l'infortuné Roi des Lombards (**). Il avait un caractère ardent, impétueux ; une humeur sombre et farouche , aigrie encore par les malheurs ; plein d'un trop juste ressentiment contre la France, l'aspect d'un Français lui était odieux ; et il vit avec plaisir arriver le jour indiqué pour les jeux , car il avait l'intention d'y combattre Isambard , et l'espoir de le vaincre. L'Impératrice , suivie de toute sa cour, se rendit dans la vaste enceinte préparée pour la célébration des jeux.

______

(*) Tout le monde sait qu'Irène , en effet , avait offert sa main à Charlemagne.

(**) L'histoire nous apprend qu'Adalgise, fils de Didier, trouva un asyle à Constantinople, et y finit ses jours dans l'obscurité. Au reste , en ornant ce conte de plusieurs faits historiques , j'ai éloigné ou rapproché les dates à ma fantaisie.

Aussi-tôt que parut Irène, l'air retentit du son perçant des trompettes guerrières ; les barrières s'ouvrirent, et les combats commencèrent. Le premier qui s'avança dans la lice fut l'audacieux Nicéphore, qui, dévoré d'ambition, osait aspirer en secret à la suprême puissance, et méditait déjà les desseins profonds et criminels qui devaient renverser la fortune d'Irène (*). Quoique la visière de son casque fût baissée, on le reconnaissait facilement à la hauteur de sa taille, à la fierté de sa contenance, à son armure couleur de pourpre, et à sa devise, qui représentait un aigle posé sur la terre, et regardant le ciel, avec ces mots : *Cet intervalle ne saurait m'étonner.* Nicéphore ne resta pas long-temps seul au milieu de l'arène ; un guerrier que les destinées placèrent depuis sur ce même trône que Nicéphore devait occuper avant lui, le jeune Léon, dans l'âge de la confiance et de la témérité, vint fièrement attaquer ce redoutable adversaire. Le combat fut long et opiniâtre ; mais Léon employa vainement tout ce que la souplesse et l'adresse peuvent

____

(*) Nicéphore détrôna Irène.

A 6

opposer à la force ; il fut vaincu. Alors Isambard prit sa place. Il montait un cheval d'une blancheur éclatante, un panache de la même couleur ombrageait sa tête, son armure était rehaussée d'or, et ornée de perles et de saphirs ; sa jeunesse, sa grace et sa bonne mine réunirent en sa faveur le suffrage et les vœux de tous les spectateurs ; sa contenance assurée, mais douce et modeste, formait un contraste frappant avec l'arrogante audace de Nicéphore ; car l'insolence est de tous les excès celui qui paraît le plus opposé à la noblesse. Le combat s'engagea, la victoire fut long-temps douteuse ; le brave Isambard, avant de la remporter, reçut une blessure à l'épaule ; mais, dans ce moment même, il se précipita sur Nicéphore avec tant de force, que, d'un seul coup de lance, il le renversa de cheval. Aussi-tôt STAURACE, fils de Nicéphore, entra dans la lice pour combattre Isambard, et pour venger son père (*). Il n'avait ni la fierté, ni

____

(*) Staurace succéda à son père ; il devint éperdûment amoureux d'une femme mariée, nommée Theophanon : au mépris de la religion et des lois, il l'épousa, et bientôt après il abdiqua. Voyez *Histoire du Bas-Empire*.

l'ambition de Nicéphore, mais une passion non moins dangereuse égarait sa raison ; il adorait la jeune et belle Théophanon. Dans ce jour mémorable, il n'avait pu résister au plaisir de se déclarer publiquement son chevalier ; il portait ses couleurs ; son bras droit était orné d'un bracelet formé d'une longue tresse de cheveux blonds, rattachée par une agrafe émaillée, sur laquelle ses rivaux reconnurent, en frémissant, les chiffres de sa dame. On distinguait, sur son bouclier, un amour enveloppé d'une gaze légère (car le voile qui le cache est toujours transparent). Le haut de ce tissu fragile était consumé par la flamme active et dévorante de son flambeau, et laissait voir à découvert le visage charmant de l'amour. Autour de cet emblême on avait gravé ces paroles : *Il voulait se cacher, mais son feu le trahit.* Quoique Staurace eût le visage couvert de son casque, Isambard, à la noble élégance de sa taille, aux graces répandues sur toute sa personne, reconnut aisément en lui le fils de Nicéphore ; il le combattit à regret, et songea plutôt à se défendre qu'à l'attaquer. Ces ménagemens auraient sans doute prolongé long-temps le combat, si, au bout de quelques minutes, la lance de Staurace ne se fût brisée en mille éclats. Dans cet instant, un chevalier revêtu d'une armure noire, se précipita dans la lice : Chevalier, dit-il à Staurace, vous êtes désarmé ; j'ai le droit de prendre votre place. A ces mots, Staurace quitta l'arène en soupirant ; et le nouveau chevalier, adressant la parole au brave et généreux Isambard : Jusqu'ici, lui dit-il, on t'a combattu sans motif ; pour moi, j'en ai deux puissans : jette les yeux sur mon bouclier, *l'amour et la vengeance ;* telle est ma devise, telles sont les passions qui vont m'animer contre toi. A ce discours hautain, Isambard ne put méconnaître l'impétueux Adalgise ; et, regardant son bouclier, il vit avec une extrême surprise le nom d'ARMOFLÈDE, écrit en gros caractères au bas de sa devise. On se souviendra qu'il avait laissé à la cour de Charlemagne une jeune personne de ce nom qu'il croyait aimée d'Olivier ; et se rappelant qu'Armoflède, née en Lombardie, avait été amenée à la cour dans sa première enfance, par la fille du malheureux Didier (*), et qu'elle avait fait depuis un voyage dans sa patrie, il ne douta point qu'Adalgise ne fût rival d'Olivier. Chevalier, dit-il, je lis avec étonnement, sur votre bouclier, un nom qui m'intéresse ; et certes, j'ose dire que c'est une étrange indiscrétion, et dont jusqu'ici je n'ai point vu d'exemple. Mais daignez m'apprendre si, par ce nom qui m'est cher, vous avez prétendu désigner celle que je connais. Oui, s'écria Adalgise, c'est cette même Armoflède, fixée dans la cour odieuse du destructeur de sa patrie...... C'en est assez, interrompit Isambard ; je soutiens qu'elle ne vous a point donné le droit de vous déclarer son chevalier, et que jamais, qui que vous soyez, vous ne fûtes aimé d'elle. A ces paroles, Adalgise, transporté de rage, s'élança vers Isambard avec une telle furie, que le Chevalier du Cygne en fut violemment ébranlé. Un murmure d'indignation s'éleva parmi les spectateurs, car Isambard avait à peine eu le temps de se mettre en défense. On le vit, pendant quelques minutes,

---

(*) Première femme de Charlemagne.

étonné, chancelant, repousser, d'un bras mal affermi, les coups redoublés de son fougueux adversaire ; mais bientôt, rassemblant et reprenant toutes ses forces, il déploie tant de vigueur et d'adresse, qu'il rassure les spectateurs qui venaient de trembler pour lui. Il se précipite à son tour vers le prince lombard, avec autant d'animosité que de courage ; il veut périr, ou vaincre l'ennemi de Charlemagne et le rival d'Olivier. Adalgise, de son côté, attaque et se défend avec fureur ; on eût dit, en considérant l'acharnement et l'intrépidité de ces deux vaillans guerriers, en voyant l'attention avide et muette de l'Impératrice et de sa cour, le vif intérêt du peuple, l'effroi, le saisissement empreints sur tous les visages, que ce terrible combat devait décider du destin de l'empire...... Entreprendrai-je de décrire les ruses, les stratagêmes inouis que nos chevaliers employèrent l'un contre l'autre, et les efforts incroyables, les coups hardis par lesquels ils se signalèrent ? Non, ma faible voix n'est point faite pour célébrer les actions guerrières et l'art meurtrier des combats ; ainsi je me bornerai donc à dire, que dans l'instant où la victoire semblait pencher du côté d'Adalgise, le cheval de ce dernier reçut une blessure profonde, et s'abattit. Adalgise éperdu, est renversé sur l'arène ; il tombe en frémissant sur la poussière, sa lance échappe de sa main ; et, pour comble de malheur, son casque brisé se détache, et l'on voit à découvert son visage souillé de sang, et dont tous les traits expriment la confusion, la rage et le désespoir. Isambard, au moment même, abandonne son cheval, court à son ennemi et s'empare de sa lance. Alors lui tendant la main pour l'aider à se relever : Prince, lui dit-il, je respecte en vous la naissance royale, et sur-tout l'infortune ; je ne vous aurais point attaqué, mais j'ai dû me défendre. Vous connaissez les lois de la Chevalerie ; elles sont inviolables. Puisque le sort m'a livré vos armes, j'ai le droit de vous imposer une condition à ma volonté ; et je me contenterai de vous supplier, prince, d'effacer le nom respectable que vous avez gravé sur votre bouclier. A ces mots, l'air retentit des cris et des applaudissemens du peuple ; les clairons et les cymbales se mêlèrent à ces acclamations publiques, et célébrèrent la victoire du chevalier français, qui fut conduit en triomphe sous la tente de l'Impératrice ; et lorsque les jeux furent finis , les juges du camp s'assemblèrent , et déclarèrent, d'une voix unanime, que le premier prix de l'adresse et de la valeur appartenait au chevalier du Cygne. Alors Isambard, appelé par l'Impératrice , s'approche de son trône , et , mettant un genou en terre , reçut de ses mains augustes une superbe chaîne d'or , ornée de pierreries. Le lendemain de ce jour mémorable , Adalgise disparut de la cour , et une lettre qu'il écrivit à l'Impératrice , apprit seulement qu'il s'en éloignait pour toujours. Peu de temps après cet évènement, Isambard , comblé des bontés d'Irène , prit congé de cette illustre princesse , et partit pour l'Espagne , lieux célèbres , ou les Maures étalaient avec éclat tout ce que la magnificence et la galanterie peuvent offrir de plus brillant. Mais laissons Isambard , poursuivant ses voyages , chercher et mériter de nouveaux lauriers , et retournons à la cour de Charlemagne.

CHAPITRE III.

Un grand crime.

Tout se sait tôt ou tard, et la vérité perce.
GRESSET.

DEUX mois après le départ d'Isambard, la cour fut plongée dans la consternation par les événemens les plus tragiques. Un soir la charmante fille de Vitikind, la belle Célanire fut assassinée dans le jardin de son père ; on la trouva baignée dans son sang, étendue sur un siége de gazon, ayant à ses pieds Olivier sans connaissance, et percé d'un coup d'épée. L'infortunée Célanire déclara publiquement qu'elle avait été assassinée par des scélérats qui s'étaient introduits dans la maison de son père, et qui, en entrant dans le jardin, en avaient laissé la porte ouverte ; que dans ce moment Olivier, qui traversait un bois voisin, avait entendu ses cris ; qu'il était entré dans le jardin ; que voulant la défendre, il avait seul attaqué ces assassins, qui, avant de prendre la fuite, s'étaient tous jetés sur lui, et après lui avoir arraché son épée, la lui avaient plongée dans le sein. Vitikind et Albion, qui étaient absens dans le temps où cette horrible scène se passait, revinrent précipitamment : ils trouvèrent Célanire mourante, qui leur répéta ces affreux détails, et qui le lendemain expira dans leurs bras. A cette même époque, Armoflède, l'amie de Célanire, se retira de la cour, et n'y reparut plus. Cependant on avait reporté chez lui le chevalier du Cygne, toujours sans connaissance ; on jugea d'abord sa blessure mortelle ; il reprit l'usage de ses sens ; mais une fièvre ardente, un délire affreux laissaient peu d'espérance pour sa vie. Il fut dans cet état près d'un mois ; au bout de ce temps, les médecins répondirent de ses jours ; et lorsqu'il fut en état de monter à cheval, il obtint de Charlemagne la permission de voyager et de s'éloigner d'un si funeste lieu.

CHAPITRE IV.

Secours inopiné.

. . . . The beast grumbles in death.
SOMERVILLE.

DÉJA six mois s'étaient écoulés depuis la mort de Célanire, lorsque l'Empereur, voulant donner aux ambassadeurs de Perse qui étaient à sa cour, le divertissement d'une chasse aux buffles, les conduisit dans la forêt noire (*). Arrivé au rendez-vous de chasse, Charlemagne poursuivit un buffle, et s'élance vers lui pour lui couper la tête d'un coup de sabre. L'animal n'ayant été que blessé, se précipite sur le cheval du prince : dans ce choc aussi violent qu'inattendu, l'Empereur reçoit une large blessure à la jambe. Le buffle allait redoubler, quand tout-à-coup un homme, sortant avec impétuosité du bois, vient fondre sur l'animal furieux,

______

(*) Tout ce qui est relatif à cette chasse est pris dans l'histoire.

le frappe, et l'étend mort aux pieds de Charlemagne. Mais quelle est la surprise de ce prince, en reconnaissant dans son libérateur le vaillant Isambard (*). Il lui tend la main et l'embrasse avec attendrissement. Dans ce moment tous les courtissans accoururent, entourent Charlemagne, félicitent Isambard, et pressent l'Empereur de descendre de cheval et de faire panser sa blessure. « Non, répondit ce Prince, » je desire que la Reine Hermengarde » me voie en cet état, et c'est avec » cette botte déchirée et cette jambe » sanglante que je veux ramener Isam- » bard dans mon palais ».

On juge bien qu'Isambard reçut à la cour l'accueil le plus distingué ; dans tous les temps l'exemple du souverain a toujours été suivi par les courtisans.

Isambard ignorait et la mort de Célanire et l'assassinat d'Olivier : ce der-

---

(*) Ce fut en effet un seigneur français, nommé Isambard, qui fit cette action. L'histoire ajoute aussi qu'il s'était éloigné de la cour pour une faute qui avoit quelque rapport à la reine Hermengarde, belle-fille de Charlemagne. Voyez *Histoire de Charlemagne*, par M. GAILLARD.

nier durant une absence de huit mois, n'avait pas écrit une seule fois à son frère d'armes. En ma qualité d'historien, je n'ai pu dissimuler ce trait, quoique je sente bien qu'il excitera l'indignation de la plupart de mes lecteurs. Car dans ce siècle de *lumières* et de *sensibilité*, l'amitié se manifeste, et se prouve surtout par la multiplicité des lettres, et des billets. Mais dans le siècle grossier où florissaient les Chevaliers du Cygne, on ne prouvait l'amitié que par des actions, par un dévouement sans bornes; on partageait sa fortune avec son ami, on exposait sa vie pour lui, on s'en tenait là, et (puisqu'il faut trancher le mot) on ne s'écrivait point.

Isambard apprit avec autant de douleur que d'étonnement, la fin tragique de la belle Célanire; il vouloit partir sur-le-champ, pour aller chercher et rejoindre Olivier : mais Charlemagne le retint quelques jours, desirant l'admettre dans l'académie littéraire qu'il venait de fonder, et dont la première assemblée générale devait se tenir incessamment (*).

____

(*) Alcuin et Théodulfe furent les deux principaux coopérateurs de Charlemagne dans la res-

Le jour fixé pour cette fameuse assemblée, l'Empereur suivi de l'élite de ses courtisans, et des gens de-lettres rassemblés par Alcuin et Théodulfe, se rendit dans une des salles de son palais, les nouveaux académiciens s'assirent autour d'une grande table, et Charlemagne, prenant la parole, prononça ce discours (*) :

« Après avoir étendu les bornes de cet empire par les victoires, après avoir assuré la tranquillité de mes peuples par un nouveau code de lois, il ne me restait plus à desirer pour ma gloire, et pour le bonheur de mes sujets, que de pouvoir joindre aux

---

tauration des lettres. Charlemagne travaillait et s'instruisait avec eux. ... Il établit dans son palais même une académie composée des grands du royaume et des gens-de-lettres ; il voulut être un membre ordinaire de cette académie, sans aucune distinction qui rappelât son rang.... Chacun des membres de cette compagnie prenait un nom littéraire et académique.... Charlemagne, qui faisait de l'écriture sa principale étude.... et dont l'ambition était d'être comme David, *un roi selon le cœur de Dieu*, reçut des académiciens, ses confrères, le nom de David. Voy. *Hist. de Charlemagne, de M.* GAILLARD.

(*) Tous les faits à la gloire de Charlemagne, retracés dans le discours qu'on va lire, sont tirés de l'histoire avec une scrupuleuse exactitude.

titres

titres de conquérant et de législateur,
celui de restaurateur des lettres et des
arts. L'antiquité nous offre des chef-
d'œuvres dans tous les genres de litté-
rature ; l'étude de ces grands modèles
est donc indispensable pour nous. Il
est sans doute difficile de les égaler
dans les arts de pur agrément ; mais
nous possédons des lumières dont ils
étaient privés ; éclairés par le christianisme, nous devons les surpasser dans
les ouvrages de morale. Ainsi la pureté
de la doctrine évangélique nous pré-
servera des erreurs monstrueuses dans
lesquelles sont tombés les anciens ;
ainsi désormais les gens-de-lettres ne
feront plus l'apologie du suicide ; on
ne trouvera plus dans leurs écrits ces
principes pernicieux qui conduisent à
l'athéisme, cet égoïsme funeste qui
place au rang des préjugés les sentimens
de la nature et l'amour de la patrie,
et ces maximes séditieuses faites pour
bouleverser les empires. Ceux qui cul-
tiveront les lettres, auront à l'avenir
l'avantage de travailler sur une base
solide, inébranlable ; et tant qu'ils seront guidés par des motifs purs et
désintéressés, ils donneront toujours
l'exemple du respect pour les mœurs,

les lois et la religion. Voilà les hommes, les citoyens estimables, pour lesquels seuls cette académie nationale est fondée; le temple des muses n'est auguste et vénérable, que parce qu'il est encore celui de la vertu; l'aimable innocence et la concorde y maintiennent l'ordre, la paix et la plus douce harmonie; elles en écartent l'intrigue, la licence et l'audacieuse impiété; et les lauriers immortels que la gloire y distribue, n'y couronnent jamais que le génie bienfaisant et les talens utiles. Telle doit être cette académie : comme chef de la nation, comme souverain, je protégerai, j'honorerai les gens-de-lettres, lorsqu'ils feront un digne usage de leurs lumières; mais lorsqu'ils oseront montrer le mépris des mœurs et de la religion, ils seront pour jamais privés de tous les honneurs littéraires. L'homme vicieux et sans principes, qui possède un esprit supérieur, est semblable à l'insensé furieux, qui serait armé d'un poignard : un glaive tranchant entre les mains d'un héros peut défendre et servir la patrie; mais dirigé par le bras d'un scélérat, ce n'est plus qu'une arme funeste, meurtrière, et le vil instrument du crime. Il en est

ainsi des talens ; nous devons les admirer quand ils sont utiles, et nous liguer
contr'eux, dès qu'ils peuvent troubler
l'ordre et le bonheur de la société.

» Enfin, en vous rassemblant ici, je
donne avec joie l'exemple de la vénération , du respect que l'on doit au savoir et aux talens , réunis aux vertus.
Dans ce lieu consacré à l'étude , je me
plais à me dépouiller du rang que le
hasard m'a donné, pour jouir avec vous
des seules distinctions que l'on doive
véritablement apprécier, celles qui sont
le fruit de la méditation et de la sagesse. L'union qui règne entre nous,
subsistera toujours ; elle est fondée sur
l'estime et sur une parfaite conformité
d'opinions et de sentimens. Vous par-
tagez mon amour pour la patrie , mon
zèle pour la religion ; et vous n'ou-
blierez jamais que c'est à la morale sublime de cette religion si sainte, que
vous devez tout ce que j'ai fait pour la
félicité de mes peuples. C'est la religion
qui m'a fait mettre des bornes à mon
ambition ; c'est elle qui, m'arrêtant au
milieu de mes conquêtes, me découvrit
une autre source de gloire et plus réelle
et plus pure ; c'est elle qui m'a dicté les
lois qui vous mettent à l'abri du despo-

tisme et de l'oppression ; c'est elle qui, me prescrivant la clémence, m'a fait pardonner tant de complots et de conspirations contre mon autorité et même contre ma vie ; c'est elle, c'est sa doctrine bienfaisante, qui sut attirer et fixer parmi vous le brave et généreux chef des Saxons, et qui vous a valu l'alliance de ce peuple belliqueux ; ce sont ses maximes qui m'ont forcé d'imposer pour toute condition aux nations vaincues, l'abolition de ces sacrifices horribles et sanglans qui déshonoraient l'humanité ; c'est elle enfin, qui m'a commandé d'affranchir des millions d'esclaves, et d'assurer solennellement à tout chrétien, l'état de citoyen libre. Tels sont ses bienfaits, telle est l'influence salutaire et l'utilité de la religion ! Ah ! pour la prospérité de cet empire, pour l'intérêt des mœurs et de l'humanité, puissent à l'avenir nos successeurs dans cette académie, sentir comme nous, que sans ce frein redoutable, les passions anéantiraient toutes les lois ; que la morale n'offrirait plus qu'un chaos monstrueux de systèmes extravagans, d'opinions diverses et contraires ; et la politique, qu'un dédale effrayant d'artifices, de cruautés, de trahisons ! qu'en un mot , la religion peut seule réprimer l'ambition des souverains , leur inspirer le mépris et l'horreur du despotisme , maintenir les peuples dans l'amour de l'ordre et de la justice ; et qu'elle fait également les bons rois et les citoyens vertueux » !

Ici l'Empereur cessa de parler , et la salle retentit d'applaudissemens : c'est ce qui se pratique encore aujourd'hui (quel que soit le discours). Mes mémoires ne m'ont point appris , si Charlemagne avait distribué des billets pour se faire applaudir , et s'il eut la prudente précaution de se procurer d'avance *une centaine* de prôneurs et d'admirateurs , en lisant son discours *à ses amis.* Comme le temps seul peut amener les choses à leur point de perfection , il est à croire que ces usages ne se sont établis que par degrés , à mesure que les lumières philosophiques ont éclairé l'univers. Il est même inutile de faire remarquer au lecteur, que ce discours religieux de Charlemagne n'était nullement *académique* ; mais on doit avoir de l'indulgence pour ce prince , en songeant qu'il ne possédait pas un seul philosophe (*)

____

(*) Il est inutile de dire , comme je l'ai répété

dans ses vastes états ; aussi les statuts de cette académie naissante, qu'il rédigea lui-même, nous paraîtraient-ils extrêmement bizarres : par exemple, il exhortait les nouveaux académiciens à s'aimer, mais il leur défendait expressément de se louer mutuellement dans leurs discours publics (*). Je ne cite de semblables traits que pour faire connaître, combien l'esprit humain s'est perfectionné de nos jours.

---

tant de fois, que je ne fais la critique que des faux philosophes, de ceux qui professent l'impiété et le mépris des mœurs et de la saine morale. Mais j'aime et j'honore du fond de l'ame les vrais philosophes, les vrais amis de la *sagesse* et de la vertu, tels que Socrate, Epictète, Marc-Aurèle ; et parmi les modernes, Pascal, Massillon, Fénélon, Adisson, &c.

(*) C'était en effet un des statuts de cette académie. Voyez *Histoire de Charlemagne*, *par M*. GAILLARD.

CHAPITRE V.

Triste réunion.

. . . . . In arms, my brother sworn
Have we not plighted each our holy oath
That one should be the common good of both?
Palamon and Arcite or the Knight's tale.
            D R I D E N.

Alarm'd with ev'ry rising gale,
In ev'ry wood, in ev'ry vale.
            E L P H I N S T O N.

LE lendemain de cette séance académique, Isambard uniquement occupé d'Olivier, quitte la cour, et suivi seulement d'un écuyer, fut chercher son ami. Imaginant qu'Armoflède pourrait l'instruire du lieu qu'habitait Olivier, il se fit d'abord conduire dans la solitude où cette jeune personne s'était retirée, mais il ne l'y trouva point ; il apprit qu'elle avait été enlevée deux mois auparavant, et qu'on n'avait aucune lumière sur le rang, la fortune et le nom de son ravisseur. Isambard affligé de cette triste nouvelle, prit la route d'un vieux château que possédait Olivier à l'une des extrémités de la Forêt noire. Après trente heures de marche, il se trouva à trois lieues du château : il poursuivait son chemin, lorsqu'il entendit derrière lui un bruit de chevaux qui lui fit tourner la tête, et sa joie fut excessive en reconnaissant Olivier ; il courut à lui précipitamment et le joignit presqu'au moment même. Olivier, en appercevant Isambard, s'arrêta, et descendit de cheval ; les deux amis s'embrassèrent à plusieurs reprises ; ensuite Olivier, prenant Isambard par la main, le conduisit au pied d'un arbre, et le faisant asseoir à côté de lui : « Mon ami, lui dit-il, voilà le premier moment de satisfaction que j'aie goûté depuis six mois ! — Je me flatte que nous ne nous séparerons plus désormais, car je suis décidé à vous suivre par-tout ! — Mais j'ai une grace à vous demander...... Ce cœur entièrement à vous maintenant !.... ne peut cependant s'ouvrir à la confiance !.... ne m'interrogez point sur ce qui s'est passé durant le temps de vos voyages. Quelque bizarrerie que vous puissiez remarquer en moi, ne me questionnez pas, je vous en conjure, et je l'exige de votre amitié ».

Pendant qu'Olivier parlait ainsi d'une voix tremblante, entrecoupée, Isàmbard, les yeux attachés sur lui, l'examinait avec un saisissement inexprimable : on voyait sur le visage pâle et abattu d'Olivier, les traces profondes de la tristesse et de la douleur ; son regard fixe, étonné, avait quelque chose d'effrayant ; et ce qui frappa le plus Isambard, ce fut son bouclier couvert d'un crêpe noir, qui cachait entièrement sa devise. Après un moment de silence, Isambard prenant la parole et serrant la main de son ami : Tu sais, lui dit-il, que tes desirs sont des lois pour moi.... Il suffit, interrompit Olivier ; je suis tranquille. A ces mots il se leva, Isambard le suivit, et tous les deux remontèrent à cheval pour se rendre au château. Le jour commençait à baisser, les chevaliers se trouvaient dans une grande route découverte et jouissaient des derniers rayons du soleil couchant ; mais au bout d'un quart-d'heure, ils regagnèrent la forêt. A peine Olivier y fut-il entré, que s'arrêtant tout-à-coup : Quelle obscurité ! s'écria-t-il, quelles affreuses ténèbres !.... ah ! sortons d'ici !.... Ces paroles prononcées d'une voix étouffée, firent tres-

saillir Isambard : cependant, dissimu-
lant la surprise que lui causait un mouvement si étrange, il se contenta de représenter simplement, que ce chemin
était le seul qui conduisît au château.
Pour toute réponse, Olivier soupira et
se remit en marche ; mais quelques minutes après, s'arrêtant encore brusquement : Isambard, dit-il, entendez-vous
les cris des oiseaux funèbres de la nuit ?...
hâtons-nous de sortir de ce lieu terrible !... En achevant ces mots, Olivier,
poussant vivement son cheval, poursuivit sa route avec une incroyable vi-
tesse ; les fossés, les souches, l'épaisseur des taillis, rien ne pouvait ralentir
sa marche impétueuse ; il semblait qu'il
voulût se soustraire au danger le plus
pressant ; tous ses mouvemens déce-
laient la crainte et la terreur ; quelquefois alongeant lentement la tête d'un
air égaré, il regardait de côté, comme
s'il eût vu quelque chose d'effrayant :
alors il frémissait, il donnait une violente secousse à son cheval, et lui faisait faire un écart prodigieux : on l'entendait gémir ; il paraissait ébranlé, chancelant ; mais à l'instant même il reprenait sa course, et se penchant sur le
cou de son cheval, en lui enfonçant

ses éperons dans les flancs, il s'élan-
çait dans les routes avec une telle rapidité, qu'Isambard, malgré tous ses
efforts, ne pouvait le suivre que de
loin. Enfin ils arrivèrent au château. On
y attendait Olivier, qu'on n'y avait pas
vu depuis plus d'un an. Les deux amis
entrèrent dans un salon qui était excessivement éclairé. Olivier parut respirer
en voyant de la lumière : malgré l'exercice violent qu'il venait de soutenir
pendant deux heures, une pâleur effrayante défigurait ses traits, et son
corps était agité d'un frisson universel.
Il se jeta dans un fauteuil et fut quelque
temps sans parler ; ensuite il eut l'air de
se ranimer, et entretint Isambard assez
paisiblement jusqu'au souper.

Après le souper, Olivier tomba dans
une sombre et morne rêverie ; la compassion et la terreur qui se peignaient
sur son visage, et le mouvement précipité de sa respiration, montraient assez le désordre affreux de son ame, et
tout ce qu'il souffrait intérieurement.
Il ne sortait de cet état que par des es-
pèces de tressaillemens convulsifs, qui
portaient l'effroi jusqu'au fond du cœur
de son ami : alors Olivier le regardait
avec des yeux étonnés et fixes ; il pa-

raissait surpris et charmé de le voir auprès de lui ; il prononçait son nom ;
sa physionomie reprenait une expression plus douce et plus calme ; il semblait qu'il se réveillât après un pénible
sommeil ; mais bientôt il retombait de
nouveau dans cet étrange égarement.

Enfin l'heure de se coucher arriva ;
Isambard se disposait à suivre son ami ;
Olivier l'arrêtant : Isambard, lui dit il,
nous ne passerons point la nuit ensemble !.... le dérangement de ma santé me
force à cette espèce de séparation, qui
m'est plus sensible que vous ne sau-
riez l'imaginer !..... Bon soir, mon ami ;
puissiez-vous goûter le repos que j'ai
perdu sans retour ! — Olivier prononça
ces paroles avec autant d'émotion que
d'attendrissement , et sur le champ,
sans attendre de réponse, *il* quitta précipitamment Isambard ; ce dernier resta
consterné de tout ce qu'il venait d'observer. Avant de se mettre au lit, il
voulut questionner l'aimable et jeune
Zemni , le page favori d'Olivier, et il
fut le chercher. Cet entretien ne fit
qu'augmenter sa surprise et ses inquiétudes. Zemni lui dit qu'il n'avait plus,
depuis long-temps , la permission de
coucher auprè s de son maître. Il ajouta

qu'il supposait qu'Olivier était sur-tout malade durant la nuit, parce qu'on remarquait en lui tous les matins, une faiblesse et un abattement extraordinaires.

CHAPITRE VI.

Les petits Talons.

> . . . . . Ahi! cieca umana mente come i giudici
> Tuoi son vani, e torti! . . . .
>
> LE TASSE.

ISAMBARD trouva le moyen de se procurer la clef d'une petite salle qui tenait à l'appartement de son ami ; il s'y introduisit secrètement, avec le projet d'y passer une partie de la nuit. Ce cabinet n'était séparé de la chambre d'Olivier que par une légère cloison ; de manière qu'il était impossible qu'une plainte ou un mouvement d'Olivier pût échapper à la vigilante curiosité d'Isambard, qui, l'oreille collée sur la cloison, écoutait avec une attention égale à son inquiétude. Au bout d'un quart-d'heure, il entendit que l'on ouvrait doucement la porte de la chambre d'Olivier, et il distingua le bruit léger que font, sur un plancher de bois, de petits talons de femme. Un instant après, la voix la plus douce prononça ces paroles : *Olivier ! ..... c'est en vain que tu veux me fuir ; je te suivrai par-tout.* A peine Isambard eut-il entendu ces mots, qu'il s'éloigna de la cloison, et, sortant du cabinet, il retourna dans sa chambre. Des inquiétudes sur la santé de son ami avaient pu seules exciter la curiosité d'Isambard ; mais il se reprocha vivement d'avoir surpris un tel secret, et découvert une intrigue d'amour qu'Olivier cachait avec tant de soin. Après beaucoup de réflexions sur un événement si singulier, Isam-bard imagina que la femme qu'il avait entendue, était Armoflède, sans doute enlevée par Olivier ; il supposa que, touché des charmes d'un autre objet, il avait voulu l'abandonner ; que cette amante délaissée l'obsédait et le suivait en tous lieux ; et qu'enfin les remords d'une inconstance si coupable, les reproches de celle qu'il trahissait, et le trouble d'une passion nouvelle, causaient ce chagrin profond dont il paraissait pénétré, et ces momens d'é-garement qui si souvent altéraient sa raison.

Isambard passa cette nuit sans dor-mir, et il se leva aussi-tôt qu'il apperçut les premiers rayons du jour ; mais il ne put entrer chez son ami. On lui dit qu'Olivier n'avait plus la coutume de se lever avec l'aurore, et qu'il restait dans son lit, ou du moins enfermé dans sa chambre, jusqu'à l'heure du dîner. Enfin Olivier parut au moment de se mettre à table; il était si faible, qu'il pouvait à peine se soutenir : le désordre de sa chevelure, la rougeur de ses yeux et la pâleur excessive de son visage, donnaient à sa physionomie quelque chose de frappant et de sinistre qui inspirait l'effroi. Cependant la vue et l'entretien d'Isambard dissipèrent insensiblement ces funestes impressions; et sur la fin du dîner, il eut l'air d'être à-peu-près dans son état ordinaire. En sortant de table, il déclara à son ami, que son intention était de voyager. J'ai une manie singulière, ajouta-t-il; depuis que je suis dans l'état de langueur où vous me voyez, il m'est impossible de coucher deux jours de suite dans le même lieu : ainsi j'ai demandé mes chevaux, et je vais partir. Isambard répondit qu'il était prêt à le suivre. En effet, un instant après, les deux chevaliers montèrent à cheval, et, suivis de leurs écuyers et du jeune Zemni, ils quittèrent le château. Durant la route, ils s’entretinrent paisiblement, allant au pas l’un à côté de l’autre. Olivier questionna Isambard sur ses voyages. Ce dernier, qui desirait trouver une occasion de lui parler d’Armoflède, lui raconta son aventure avec Adalgise. A peine eut-il prononcé le nom d’Armoflède, qu’il vit Olivier se troubler et frémir ; ce qui le confirma dans les soupçons qu’il avait conçus. Il se pressa de changer d’entretien ; mais Olivier cessa d’y prendre part, et garda le plus profond silence. Aux approches de la nuit, Olivier voulut s’arrêter à la première hôtellerie ; il y demanda deux logemens séparés, et l’on ne put lui donner qu’une grande salle réunie à un cabinet, qui, au lieu de porte, n’était séparé de la chambre que par un pan de tapisserie. Olivier parut au désespoir d’être forcé d’avoir son ami si près de lui. Isambard cependant le calma, en lui rappelant qu’il avait un sommeil très-profond, et en lui faisant remarquer que le cabinet avait une issue sur l’escalier, et qu’ainsi il pourrait se lever de bonne heure et sortir sans passer par la chambre. Le soir, Olivier pressa son ami de se coucher avant lui. Isambard y consentit, et feignit même d'être fatigué et d'avoir un pressant besoin de dormir : il se coucha. Olivier attacha fortement la tapisserie qui tenait lieu de porte ; il posa devant plusieurs fauteuils, ensuite il éteignit les lumières et se mit au lit. Isambard était trop inquiet et trop ému pour pouvoir se livrer au sommeil ; il entendit qu'Olivier s'agitait et versait des larmes ; ce qui dura, sans interruption, près de deux heures. Enfin la porte de la salle s'ouvrit..... Olivier fit un mouvement si violent, que tous les meubles de la chambre en furent ébranlés ; un cri étouffé, mais lugubre et plaintif, échappa de sa bouche..... A l'instant même, Isambard reconnut le bruit des petits talons de femme ; et la voix qu'il avait entendue la veille, prononça ces mêmes paroles : *Olivier !... c'est en vain que tu veux me fuir ; je te suivrai par-tout !* A ces mots, Olivier ne répondit rien ; Isambard qui écoutait plus attentivement que jamais, l'entendit seulement soupirer et gémir sourdement, comme une personne qui éprouve une violente oppression, ou qui craint d'éclater et de faire du bruit. Après un assez long silence, Olivier, d'une voix entrecoupée, s'écria tout-à-coup : *O cruelle Armoflède !....* Cette exclamation acheva de convaincre Isambard, qu'il ne s'était point trompé dans ses conjectures ; mais il ne trouvait pas que cette conduite d'Armoflède dût la faire accuser de *cruauté*. En tout, Isambard ne concevait, ni l'opiniâtre persévérance d'Armoflède, ni le désespoir d'Olivier ; il lui semblait qu'à la place de son ami, il serait fort éloigné de prendre cette aventure d'une manière aussi tragique. Au milieu de toutes ces réflexions, Isambard s'endormit ; il ne se réveilla le lendemain que fort tard, et il sortit doucement du cabinet, sans passer par la chambre d'Olivier. Ce dernier se leva, peu de temps après, aussi sombre et aussi accablé que la veille ; il fut retrouver son ami, et tous les deux quittèrent l'hôtellerie, et continuèrent leur voyage. Aux approches de la nuit, ils s'arrêtèrent dans une ville, et ils trouvèrent dans l'auberge qu'ils choisirent, deux logemens séparés, et même assez éloignés l'un de l'autre. Au moment où ils allaient se mettre à table pour souper, l'écuyer d'Isambard entra dans la chambre, et dit à son maître, qu'il venait de rencontrer et de reconnaître Adalgise, qui logeait dans un appartement voisin de celui d'Olivier. Cette nouvelle surprit Isambard. Comme il avait conté à son ami les détails de son combat avec ce prince, et que le nom d'Adalgise devait, par cette raison, lui rappeler le souvenir d'Armoflède, il renvoya son écuyer sans le questionner sur ce sujet, et changea de conversation, d'autant plus qu'il crut remarquer beaucoup d'émotion sur le visage d'Olivier. A dix heures, les chevaliers du Cygne se séparèrent ; et Isambard, comme à son ordinaire, se leva avec l'aurore. Quand il fut habillé, il se disposait à sortir pour aller se promener dans la ville, en attendant le réveil d'Olivier, lorsqu'il entendit un grand tumulte dans l'hôtellerie. Le lecteur verra dans le chapitre suivant la cause de cette rumeur.

CHAPITRE VII.

Horrible surprise.

D'une haute vertu quand l'éclat solennel
A consacré le nom & les mœurs d'un mortel,
De la seule vertu l'autorité suprême
Suffit pour balancer l'évidence elle-même.
Artaxerce , tragédie de LEMIÈRE.

ISAMBARD ouvrit sa porte, et il rencontra plusieurs personnes qui lui apprirent qu'un chevalier, arrivé la veille, avait été assassiné la nuit dans son lit. A ces mots, Isambard éperdu , vole dans le corridor de son ami ; il respira en voyant sa porte fermée , et en reconnaissant l'écuyer d'Adalgise , qui, baigné de larmes , contait que , d'après les ordres de son maître , étant entré dans sa chambre à la pointe du jour , il l'avait trouvé évanoui et nageant dans son sang.

Cependant les magistrats , qu'on avait envoyé chercher , arrivèrent ; ils interrogent l'écuyer, s'assurent de sa personne , et voyant que le malade mourant ne donnait aucun signe de connaissance, ils déclarent qu'ils vont faire une visite générale et juridique dans toutes les chambres des voyageurs logés dans l'hôtellerie ; et ils se disposent à commencer par celle d'Olivier , qui était la plus prochaine. Isambard, craignant qu'on ne découvrît publiquement l'intrigue de son ami, aurait bien voulu pouvoir retarder cette visite ; mais n'osant s'opposer à cette résolution , il devança les magistrats, afin d'entrer avant eux dans la chambre. L'hôte présente une clef; on ouvre la porte.... Quel spectacle horrible s'offre aux yeux d'Isambard !.... Il n'y avait dans la chambre ni volets , ni rideaux ; le soleil le plus brillant semblait rassembler tous ses rayons sur le lit d'Olivier, comme pour éclairer et découvrir le crime affreux dont on cherchait les indices.... Le plancher est inondé de sang.... On voit Olivier enseveli dans un sommeil léthargique , mais rien en lui n'offre l'image du repos ; l'effroi, la pitié , les remords se peignent à-la-fois sur son visage livide et défiguré ; ses cheveux hérissés expriment la terreur qui le poursuit dans un songe effrayant , et ses bras ensanglantés , fortement étendus sur ses draps, paraissent repousser avec horreur un objet qni l'épouvante. A cet aspect terrible, Isambard jette un cri perçant, et tombe sur le pied du lit.... Au moment même tous les spectateurs s'écrient : *c'est lui, voilà l'assassin* ! A ces paroles, Olivier tressaille et se réveille ; en voyant la foule qui l'environne, il frémit, il lève vers le ciel des yeux égarés : Grand Dieu ! dit-il, vous voulez donc découvrir mon forfait !.... Cet aveu ne laissant plus de doutes, on s'apprête à le saisir ; mais Isambard, reprenant toutes ses forces : Arrêtez, s'écria-t-il impétueusement, arrêtez : malgré ces apparences funestes, malgré lui-même, s'il le faut, je réponds de son innocence. Non, Olivier n'est point un vil assassin : enfermez-nous dans cette chambre, posez des gardes à la porte, mais laissez-nous seuls. Allez, et ne m'obligez point à vous forcer de céder à ma prière. Le ton ferme et l'air intrépide d'Isambard en imposèrent à l'assemblée ; tout le monde se retira. Alors Isambard se rapprochant de son ami : Tout semble t'accuser, lui dit-il, mon cœur seul te justifie ; mais parle, explique-moi cet horrible mystère..... Fuis un infortuné, s'écria Olivier, souillé d'un crime exécrable ; je ne suis plus digne de ton amitié ! fuis ! — O ciel ! que dis-tu ? non, je ne puis te croire ..... Olivier ! rappelle ta raison égarée ..... Sans doute qu'un noble combat .... Non, interrompit Olivier ; non, je suis un assassin, un détestable assassin .... Vois-tu ce sang ? .... il crie vengeance ! Ah ! le plus terrible supplice est au fond de mon cœur !..... la vie m'est odieuse ! A ces mots Isambard, glacé, pénétré d'horreur, resta un instant immobile, les yeux fixés sur Olivier ; ensuite se précipitant dans ses bras : Un délire affreux, s'écria-t-il, te prive de la raison ; .... tu m'arraches l'ame, tu me désespères ; mais je ne croirai jamais que mon ami, que mon frère, ait été le meurtrier d'Adalgise. —Que parles-tu d'Adalgise ? reprit Olivier avec étonnement.—Quoi ! tu parois surpris ? — Qu'ai-je de commun avec Adalgise ?—Il est assassiné. — Eh bien ? —Voilà le forfait que l'on t'impute. —Qu'entends-je ? .... quoi ! c'est-là le sujet de ta terreur et de tes larmes ? —A ces paroles, Isambard embrassa son ami avec transport ; ce seul mot lui suffisait ; des apparences, plus fortes encore, auraient déposé contre Olivier,

qu'il

qu’il n’aurait pu le soupçonner d’un tel
crime. Il lui conta, en peu de mots,
tout ce qui s’était passé ; Olivier l’é-
couta froidement ; et lorsqu’il eut fini
de parler , il soupira ; et lui prenant
affectueusement la main : Il est inutile
de t’assurer, lui dit il , que je n’avais
aucune connaissance de cet évènement ;
tu ne m’aurais jamais aimé , si tu avais
pu me croire dégradé par cet infâme
attentat. . . . Cependant tout m’accuse,
et la loi doit me condamner. — Mais
tu pourras te justifier par un récit fidèle.
— Non, je ne puis révéler la vérité
qu’à toi seule : avant de mourir je
déposerai dans ton sein le secret de
ma vie ; mais je ne le dirai point pour
me préserver de la mort. — Tu mourrais ! et tu mourrais dans l’ignominie !....
Songes-tu bien, cruel, aux tourmens,
à l’opprobre que tu répandrais sur les
restes de ma vie ? — L’honneur me
défend de parler. — L’honneur ! .....
et si tu t’obstinais à te taire , tu péri-
rais sur un échafaud ! — Je ne suis ni
perfide , ni lâche, mais j’ai mérité la
mort ; je te l’ai dit , je suis coupable.
— Toi coupable ! et tu viens de m’assurer de ton innocence ! — Je n’ai point
de part au meurtre d’Adalgise . . . mais

ce sang dont je suis souillé, ce sang précieux..... c'est moi qui l'ai versé !.... Ah ! du moins effaçons les traces de cet affreux homicide, que le sommeil et mon imprudence ont exposées au grand jour.... En achevant ces mots, Olivier se levant précipitamment, s'avance près d'un grand seau d'eau posé près de son lit, y plonge ses bras, et verse ensuite l'eau dans la chambre. Pendant ce temps, Isambard debout, pétrifié par la surprise et glacé de terreur, considérait Olivier d'un air sinistre et stupide...... Tout-à-coup on frappe à la porte. Isambard reconnaît la voix de son écuyer, qui crie qu'Olivier est entièrement justifié..... Isambard ouvre précipitamment la porte, l'écuyer entre et raconte qu'Adalgise a repris sa connaissance, mais pour maudire les secours qui le rappellent à la vie ; qu'il se livre à des emportemens qui épouvantent tous ceux qui l'entourent, et que dans ces transports furieux, il a publiquement avoué, et même déclaré, que personne n'avait attenté sur ses jours ; qu'il est seul l'auteur du crime, et qu'il avait voulu mettre fin à son existence, qui lui était devenue insupportable. Isambard sortit pour aller s'informer de la vérité de ces détails ; et après s'être assuré de l'exacte fidélité de ce récit, il fut à son tour questionné sur l'état où l'on avait trouvé son ami. Il répondit, qu'ayant été saigné la veille, sa blessure s'était r'ouverte ; et tout le monde convint qu'il ne faudrait jamais se presser de juger sur les apparences, quelque fortes qu'elles puissent paraître. Principe trop souvent négligé, et dont l'oubli a fait tant de fois soupçonner, et même condamner l'innocence.

CHAPITRE VIII.

Mystère impénétrable.

Sweet gentle sleep sits only on the eye-lids of the happy --- no wonder then , that J taste not her balmy influence.

LAKE OF WINDERMERE.

CEPENDANT Isambard était plus agité, plus troublé que jamais. Olivier, justifié à tous les yeux, ne pouvait l'être aux siens : Olivier n'avait point attenté à la vie d'Adalgise ; mais de quel sang s'était-il donc souillé ? il avait prononcé cet effroyable aveu : *Je suis un assassin, un détestable assassin !* Un poids affreux oppressait le cœur sensible et généreux d'Isambard ; une seule idée occupait son esprit ; il se répétait avec horreur : Olivier a commis un meurtre cette nuit ! mais comment, après un tel forfait, avait-il pu se coucher tranquillement et s'endormir ? qu'avait-il fait de sa victime ? quelle était cette victime ?...... Serait-ce la malheureuse Armoflède ?.... Isambard frémissait, et ne pouvait percer l'obscurité de ce mystère épouvantable. Enfin il fut retrouver son ami, qui lui déclara qu'il ne partirait que le lendemain, ne voulant pas avoir l'air de fuir après l'accusation dont on l'avait noirci. Mais comme cette chambre, ajouta-t-il, m'est devenue odieuse, et qu'il me serait impossible d'y coucher désormais, je vous prie, mon ami, de me céder la vôtre pour cette nuit. A ces mots, Isambard conjura Olivier d'achever de lui ouvrir son cœur. Hélas ! répondit Olivier, je sens bien que je ne dois plus espérer maintenant de pouvoir vous cacher ce funeste secret ; après tout ce que vous avez vu, je suis enfin forcé de vous le révéler !.... Je ne possédais plus qu'un seul bien au monde, l'estime de mon ami ; il faut le perdre encore !.... Laisse-moi du moins me préparer à ce récit terrible..... qu'il me serait impossible de faire aujourd'hui..... demain tu sauras tout. Isambard vit son ami dans une si violente agitation qu'il n'osa le presser davantage ; mais il passa le reste de la journée dans l'état le plus cruel. Enfin ne pouvant supporter une telle incertitude, et redoutant d'ailleurs les effets du sombre désespoir dans le-

quel Olivier paraissait plongé, il se décida à se cacher cette nuit même dans
sa chambre. Comme il avait occupé
cette chambre qu'il devait céder à son
ami, il y avait remarqué une porte donnant sur un corridor, et recouverte par
la tapisserie ; il posa devant cette porte
de grands meubles qui la cachaient entièrement ; il l'entr'ouvrit, et lorsque
Olivier fut enfermé dans cette chambre,
Isambard se glissa doucement derrière
la tapisserie, avec l'intention d'y rester
jusqu'au jour. Il s'était placé de manière
qu'il pouvoit voir facilement tout ce
qui se passait dans la chambre, par le
moyen d'une petite ouverture qu'il avait
faite à la tapisserie ; et il vit distinctement tout ce qu'on va décrire. — D'a-
bord, Olivier ferma avec beaucoup de
soin la porte d'entrée ; ensuite il se
jeta dans un fauteuil, et donna un libre
cours à ses larmes. Au bout d'une demi-
heure, il commença à se déshabiller ;
ses pleurs ne coulaient plus, mais de
temps en temps il frémissait et regardait avec effroi autour de lui. Lorsqu'il
fut déshabillé, il se précipita à genoux
et fit une longue prière. Cette action
n'étonna point Isambard ; dans ce siècle
d'héroïsme et de loyauté, les plus vail-

lans chevaliers regardaient la religion comme l'unique base de la morale et des vertus : mais Isambard fut ému jusqu'au fond de l'ame, en entendant les gémissemens et les sanglots de son malheureux ami, qui, après avoir fini sa prière, se prosterna le visage contre le plancher, et resta près d'un quart-d'heure dans cette attitude. Enfin il se releva, et versant plusieurs carafes d'eau dans un seau, il s'écria : Grand Dieu ! quels affreux préparatifs !..... Il porta ce seau auprès de son lit, il leva les mains vers le ciel, avec l'expression de la plus vive douleur ; il éteignit sa lumière et se coucha. Il se plaignit et s'agita sans relâche jusqu'à minuit, alors la porte d'entrée s'ébranla. Isambard reconnut le bruit des petits talons de femme ; et ces paroles qu'Isambard entendait pour la troisième fois, furent prononcées distinctement : *Olivier..... c'est en vain que tu veux me fuir ; je te suivrai par tout !* Oh ! pardonne, s'écria Olivier ; il n'en put dire davantage ; des sanglots lui coupèrent la parole. Isambard croyait rêver ; tout ce qu'il venait de voir, tout ce qu'il avait entendu, lui paraissait absolument inexplicable ; il se perdait dans ses réflexions ; il ne fut tiré de sa profonde rêverie, qu'en appercevant les premiers rayons du jour. Dans cet instant, il entendit que celle qu'il supposait être Armoflède, quittait le lit d'Olivier, et desirant vivement la voir, il regarda avec attention dans la chambre où l'on pouvait déjà distinguer les objets.

CHAPITRE IX.

Affreuse découverte.

Avaunt ! and quit my sight ! let the earth hide thee.
Macbeth, SHAKESPEARE.

MAIS qui pourrait exprimer le saisissement et l'horreur qu'il éprouva, à l'aspect terrible du tableau surprenant qui frappa ses regards ! Il vit un affreux squelette ensanglanté, qui s'éloignait avec lenteur en gémissant sourdement et en laissant sur son passage de longues traces de sang, et qui s'évanouit dans les airs lorsqu'il eut traversé la chambre. Isambard, d'abord pétrifié par l'étonnement et la terreur, reste un instant immobile ; ensuite il pousse un cri lamentable et s'élance dans la chambre. Olivier qui se levait, frémit en l'appercevant: Ah ! cruel ami, s'écria-t-il, qu'as-tu fait ? tu viens donc de découvrir et mon crime et mon châtiment !.... A ces mots, Isambard, fondant en larmes, se précipite dans ses bras : Je ne sais rien encore, répondit-il, mais j'ai vu ce prodige affreux ; je vois l'excès de ton infortune et j'en viens partager l'horreur ; je ne te quitterai plus..... ces nuits effroyables, je les passerai toutes avec toi..... je te consacre ma vie ; désormais tu ne seras plus seul au milieu des ténèbres avec ton malheur et tes remords ; nous gémirons ensemble. A genoux, près de toi, je recueillerai tes larmes, ta main tremblante pressera celle d'un ami, ton oreille entendra ses soupirs, et la voix de la sainte amitié peut-être adoucira tes maux. Ce discours fit passer au fond du cœur d'Olivier les seules consolations qu'il fut susceptible de recevoir : il embrassa le généreux Isambard, en versant un torrent de pleurs, et lui dit tout ce que la reconnaissance peut inspirer de plus tendre et de plus touchant. Quand les deux Chevaliers furent un peu plus calmes, ils s'occupèrent du triste soin d'effacer de la chambre les traces sanglantes que le spectre y avait imprimées. Olivier s'habilla, et promit à son ami de lui conter sa tragique histoire dans le cours de la journée (*). Avant de quitter l'au-

---

(*) Ce spectre sera sans doute critiqué, mais

berge, Isambard voulut savoir des nouvelles d'Adalgise. On lui dit que sa blessure n'avait rien de dangereux, mais
qu'il paraissait toujours agité du plus
violent désespoir ; qu'il avait eu un re-
doublement de fureur, en apprenant
qu'Isambard était si près de lui ; que le
nom d'Isambard échappait souvent de
sa bouche, et qu'il l'accusait de lui
avoir enlevé Armoflède. Isambard crut
devoir écrire à ce malheureux prince
un billet, par lequel il-lui protestait

---

je crois que les vrais littérateurs ne désapprou-
veront pas une fiction employée si souvent dans
les genres d'ouvrages les plus sublimes, le poëme
épique et la tragédie. Dira-t-on qu'on veut plus
de vraisemblance dans un roman ? cette objection
serait bonne pour un roman qui peindrait les
mœurs actuelles. D'ailleurs cet ouvrage, par son
plan et par sa forme, est plutôt un poëme dans
le genre de ceux de l'Arioste, que ce que nous
appelons un roman. Je place une apparition dans
un siècle où la croyance universelle consacrait
ce grand moyen de terreur ; et je crois que sans
toutes ces raisons, on m'approuvera, si le spectre de Célanire fait sur mes lecteurs l'impression
qu'il a produite sur le petit nombre de personnes
auxquelles j'ai lu cet ouvrage. Enfin, l'idée de
faire mourir l'héroïne de l'histoire dès les premières pages, et cependant d'occuper d'elle jusqu'à la fin, est peut être assez neuve pour mériter quelqu'indulgence.

C 6

qu'il n'était point son rival, et qu'il n'avait aucune connaissance de la destinée d'Armoflède. Après avoir donné ce billet à l'écuyer d'Adalgise, il monta à cheval et partit avec Olivier. Au bout d'une heure de marche, les Chevaliers du Cygne s'arrêtèrent dans une prairie charmante ; ils mirent pied à terre, et s'éloignant de leurs écuyers, qui gardaient leurs chevaux, ils entrèrent dans une allée de saules qui bordait un étang ; ils s'assirent sur une touffe épaisse de joncs et de roseaux ; et cédant enfin aux instances de son ami, Olivier commença, dans ces termes, le récit de ses malheurs.

CHAPITRE X.

Une Coquette.

Elle fait de sang froid le discours le plus tendre ,
Et feint effrontément un timide embarras
Pleurs qui vont droit au cœur , et qui n'en partent pas.
La Coquette de village , de D U F R E N Y.

QUEL détail affreux exiges-tu de moi? et comment ma bouche pourra-t-elle l'articuler ! . . . . . Hélas ! ces cruels souvenirs oppressent mon cœur dans tous les instans de ma vie, ils me poursuivent dans mes songes , mais du moins je les repoussais , je les écartais de mon imagination ; comment aurais-je pu supporter ma déplorable existence , en arrêtant ma pensée sur ce sujet éternel de terreur et de remords ? Cependant je suis forcé de me retracer dans toutes ses circonstances , cet instant d'erreur et de délire qui m'a précipité pour jamais dans l'abîme le plus profond des misères humaines ! je vais moi même t'ouvrir et creuser encore la blessure mortelle de ce cœur déchiré ! . . . . N'importe, tu le veux, je le dois. . . . O toi qui n'exerces sur moi ta vengeance sévère, mais équitable, que dans les ténèbres de la nuit ; toi, dont ma bouche criminelle n'osa jamais, depuis mon malheur jusqu'à ce moment, prononcer le nom redoutable et chéri ! tu crains l'éclat de la lumière ; mais sans doute même durant le jour, errante autour de moi, tu suis en tous lieux les pas de ton époux infortuné ? . . . . Oui , j'entends tes lugubres accens, ombre sanglante et plaintive ! . . . . Oui , je te vois ! . . . . immobile et menaçante , et sous une forme terrible , tu viens te placer devant moi ! tu veux écouter ce funeste récit ! . . . . Ah ! puisse l'excès de mon repentir et de ma douleur, émouvoir ta pitié et désarmer ta juste colère ! . . . . . Après avoir prononcé ces mots, Olivier s'arrêta, en fixant avec horreur l'objet effrayant que son imagination troublée lui présentait. Ensuite il mit ses deux mains sur son visage et garda long-temps un silence, que le trouble extrême d'Isambard ne lui permit pas de rompre. Enfin, reprenant la parole, Olivier poursuivit de la sorte.

Le premier objet qui fixa mes regards à la cour de Charlemagne, ce fut Armoflède. Nous étions alors, l'un et l'autre, d'une extrême jeunesse; c'était immédiatement après la funeste bataille de Roncevaux. Je venais de perdre l'infortuné Roland; j'étais à peine rétabli de mes blessures; les dangers où je m'étais exposé dans l'espoir de sauver les jours de mon ami, les bontés de l'Empereur, ma profonde tristesse, servirent à me faire remarquer d'une personne dont la vanité seule dirigeait tous les sentimens. Le caractère d'Armoflède n'était point encore développé; je ne vis que ses agrémens; et, séduit par ses graces, je m'attachai à elle. Quoique la reine Hermengarde eût été répudiée dans l'enfance d'Armoflède, cette dernière, par la faveur de l'Empereur, avait conservé dans la Lombardie l'héritage de ses pères; elle y fit un voyage; et, à son retour, je la trouvai absolument changée à mon égard : elle me traita froidement, et bientôt m'ôta toute espérance. Vers ce même temps, une partie de la Lombardie se souleva en faveur d'Adalgise; et l'on crut un moment que ce prince allait remonter sur le trône. Je voyais

toujours Armoflède , et je remarquai
facilement qu'elle prenait le plus vif
intérêt à cette révolution. J'attribuai
d'abord ce mouvement à un attachement naturel au sang de ses premiers
maîtres ; je ne tardai pas à en découvrir
le vrai motif. Le caractère d'Armoflède
offre un assemblage surprenant et monstrueux de défauts et de vices , bien
rarement réunis ; inconstante dans ses
goûts et persévérante dans ses desseins ,
elle a tous les caprices de la légéreté ,
et toute la suite , toute l'opiniâtreté que
peuvent donner des sentimens profonds et des passions violentes ; étour-
die , et même indiscrète par vanité ,
personne cependant ne possède mieux
l'art perfide de dissimuler et de tromper ;
née avec l'imagination la plus ardente
et le cœur le plus froid , absolument
dénuée de principes et pervertie par
orgueil , il n'y a pour elle dans la vie
que deux grands intérêts ; le plaisir , et
la vaine gloire de s'élever au - dessus
des autres , par l'éclat du rang et par
la séduction de l'esprit et des graces.
Sa tête est si vive , qu'elle parvient sans
peine à se persuader (du moins pour
le moment) , qu'elle éprouve en effet
les sentimens qu'elle avait formé le

projet de feindre ; elle persuade , elle entraîne , parce que souvent elle partage l'illusion qu'elle cause. Elle est à son gré, sensible, touchante ou passionnée, et avec une adresse inimitable ; car elle fait mieux qu'emprunter toutes les formes ; elle les prend réellement, elle s'abuse elle-même, afin d'abuser plus sûrement ceux qu'elle veut séduire. Elle sait tirer parti des défauts qu'elle ne peut cacher ; elle avoue si naturellement qu'elle est légère, inégale, inconséquente, qu'on n'est jamais tenté de se défier d'elle, et qu'on n'attribue ses torts et ses perfidies même , qu'à l'imprudence et à l'étourderie. La nature a mis dans ses yeux l'empreinte de la malice et de la tromperie ; mais son visage, aussi mobile, aussi souple que son esprit, ne doit tous ses charmes qu'à la variété de ses mouvemens, et à l'étonnante facilité de rendre tous les différens genres d'expressions ; enfin, coquette, ambitieuse, envieuse, fausse et vindicative , elle est d'autant plus dangereuse, que son ton , sa vivacité, ses manières si naturelles , son air ouvert, étourdi , et jusqu'à sa gaîté , ne permettent pas de la soupçonner d'artifices,

et n'annoncent jamais que la franchise
et la bonté. Telle est Armoflède.
Hélas ! pour mon malheur, je n'ai
connu son caractère qu'après avoir été
la victime de sa noirceur et de sa
perfidie.

Un jour que je me promenais sur
une des terrasses du palais, j'apperçus
à terre quelque chose de brillant que
je ramassai ; c'était un bracelet de dia-
mans que j'avais vu plusieurs fois au
bras d'Armoflède, depuis son retour
de la Lombardie. Ce bracelet, en
tombant, s'était ouvert ; j'eus la curiosité de regarder ce qu'il contenait,
et je vis, avec beaucoup de surprise,
qu'il renfermait des cheveux sur lesquels on avait appliqué, en lettres d'or
émaillées, le nom d'Adalgise. Je fus
trouver Armoflède, qui parut extrêmement déconcertée, en voyant entre
mes mains ce gage mystérieux ; je ne
lui cachai point mon indiscrétion. Elle
en fut d'abord effrayée ; mais bientôt
la vanité l'emportant sur toute autre
considération, elle prit un air ingénu,
reconnut qu'elle avait de grands torts
avec moi, m'assura qu'elle voulait du
moins les réparer, autant qu'il était
possible, par une confiance entière,

en me révélant le secret de sa vie. Alors elle m'avoua qu'elle avait vu en Lombardie le prince Adalgise, qui s'y était rendu sous un nom supposé, dans l'espoir d'y exciter une révolution. Elle ajouta qu'elle avait eu l'occasion de le connaître ; que ce prince était devenu éperdument amoureux d'elle, et qu'elle avait été touchée de sa passion. Ce ne fut pas sans remords, continua-t-elle, que j'autorisai ses espérances ; je ne pouvais oublier mes engagemens avec vous. Je vous dirai même, avec ma franchise ordinaire, que je fus d'autant plus coupable, qu'au fond du cœur, je vous préférais à votre rival ; mais l'ambition l'emporta sur l'amour : d'ailleurs, vous m'aimiez faiblement. Adalgise m'adorait ; je voyais ce prince prêt à remonter sur le trône de ses pères : la reconnaissance et la vanité fixèrent enfin ma destinée. Après cet aveu sincère, ajouta-t-elle, vous devez me croire, quand je vous protesterai que si vous aviez eu pour moi une passion véritable, je vous aurais sacrifié, sans balancer, tous les trônes de l'univers. Armoflède prononça ces derniers mots avec tant d'expression, que j'en fus attendri ; je trouvais qu'en effet les sentimens que j'avais pour elle, n'étaient pas assez vifs pour mériter de grands sacrifices ; j'excusai son inconstance, j'admirai sa candeur ; je fus extrêmement touché des preuves de confiance et d'estime qu'elle me prodiguait, et je lui promis une éternelle amitié. Peu de temps après, on apprit qu'Adalgise avait échoué dans tous ses desseins. Armoflède m'en parut médiocrement affligée. Je m'étais engagée, me dit-elle, à l'épouser, si le succès eût couronné son entreprise ; et, toute réflexion faite, je sens que l'ambition n'aurait pu remplir mon cœur. J'aurais trop regretté, sur le trône de Lombardie, et la cour de France, et la patrie d'Olivier !..... Armoflède prononça ces derniers mots avec un air attendri, que je ne vis pas sans émotion ; je serrai sa main dans les miennes. Elle feignit de tomber dans une profonde rêverie ; ensuite paraissant tout-à-coup revenir à elle-même, elle fit quelques plaisanteries sur sa distraction et mon silence, et elle me quitta brusquement, en me laissant persuadé qu'elle avait en secret pour moi le sentiment le plus tendre et le plus vif, qu'elle cherchait à le dissi-

muler et le combattait vainement. C'est
ainsi que , se jouant de ma crédu-
lité, Armoflède avait trouvé le moyen
de me sacrifier à l'intérêt et à l'ambition ,
en obtenant mon estime et ma confiance ; et qu'elle parvenait encore à
reprendre ses premiers droits sur mon
cœur, en trahissant lâchement l'amant
qu'elle m'avait préféré , lorsqu'elle le
voyait proscrit et fugitif. Une funeste
expérience m'a fait connaître une importante vérité ; c'est qu'il faut juger
les gens avec lesquels nous vivons, non
sur leurs démonstrations et leurs discours, mais d'après leurs actions et le
fond de leur conduite ; et il arrive communément, qu'on ne juge ainsi que
ceux avec lesquels on a peu de rapport ; c'est pourquoi les jugemens du
public sont en général équitables ,
parce qu'ils sont fondés sur des faits
positifs ; tandis qu'au contraire on rencontre tant de dupes dans une société
intime. En vain Armoflède eût possédé
l'art de jouer l'attendrissement , l'ingénuité, la sensibilité, je n'aurais été séduit ni par sa grace , ni par son esprit
et ses discours, si mon opinion sur son
cœur et sur son caractère, eût été fixée
par sa conduite : alors je n'aurais pu

voir en elle, qu'une coquette ambitieuse, indiscrette et légère, également
incapable de générosité et d'un véritable attachement; mais entraîné par ses
artifices, j'étais au moment de reprendre ma première chaîne, lorsqu'un évènement inattendu changea tous mes
desseins, bouleversa toutes mes idées,
et décida pour jamais de mon sort. Oh!
sur quel souvenir vais-je m'arrêter!....
du fond de ce gouffre effroyable où je
suis plongé, je dois donc, pour augmenter encore mon supplice, me rappeler ces jours brillans de gloire et de
bonheur, qui s'écoulèrent avec la rapidité d'un songe trompeur et fugitif! il
faut donc, hélas! que je me retrace avec
détail cette félicité si pure, dont je n'ai
goûté tous les charmes que pour mieux
sentir l'amertume et l'horreur du destin
déplorable qui m'était réservé!.... Tu
sais que dans la dernière bataille que
nos troupes livrèrent aux Saxons, la
déroute de ces derniers fut complette;
mon ardeur à poursuivre les fuyards,
m'empêcha de remarquer que je n'é-
tais plus suivi de nos soldats. Je continuais ma course, lorsque j'apperçus au
pied d'un arbre un guerrier du parti
ennemi; il était assis; on voyait près

de lui son casque, sa lance brisée, et
son épée. Je descendis de cheval et je
m'élançai vers lui, pour le faire prisonnier; je ne vis que dans ce moment
qu'il était blessé, et plongé dans un
profond évanouissement; alors je ne
songeai plus qu'à le secourir. Son sang
coulait à gros bouillons; je l'arrêtai avec
mon mouchoir, dont je bandai sa plaie,
et je courus à un ruisseau voisin pour
y puiser de l'eau dans mon casque. En
revenant, je vis avec surprise le guerrier
saxon debout, appuyé contre l'arbre;
sa taille imposante et la majesté de
toute sa figure me frappèrent tellement, que je m'arrêtai à dix pas de lui
pour le considérer. Il dit quelques mots
dans sa langue, que je n'entendis pas,
mais je compris par l'expression de sa
physionomie et par ses gestes, qu'il
me remerciait du secours que je venais
de lui donner. Tandis que je le contemplais avec un sentiment de respect, qui
me rendait immobile, il me montra sa
blessure, et joignant les deux mains,
il parut me faire une prière; ensuite il
tira de sa ceinture un poignard; il en
tourna la pointe contre son cœur, et
resta dans cette attitude, en me regardant fixement..... Je compris parfaite-

ment ce langage énergique, et pour toute réponse, je jetai loin de moi ma lance et mon épée : alors le guerrier laissa tomber son poignard et me tendit les bras ; je m'y précipitai, et ce que j'éprouvai, en me sentant doucement presser contre son sein, tu pourras plus facilement le concevoir que je ne pourrais l'exprimer !...... O sainte humanité ! que sont auprès des jouissances que tu procures, les succès meurtriers des combats et la gloire inhumaine des exploits guerriers ?.... Je me trouvais mille fois plus heureux d'avoir sauvé la vie et de rendre la liberté à cet étranger, que ne saurait l'être le destructeur d'une armée entière, au milieu de la pompe de son triomphe. Je voyais avec ravissement sur son visage la douce expression de la joie et de la reconnaissance ; il me considérait attentivement, comme s'il eût voulu graver dans sa mémoire les traits de son libérateur ; enfin il fallut nous séparer ; nous n'avions pu nous parler, mais nos cœurs s'étaient entendus. Je le conduisis vers son cheval, qui était attaché à quelques pas de nous ; comme la quantité de sang qu'il venait de perdre, lui causait encore une extrême

trême faiblesse, je l'aidai à monter à
cheval; alors il me serra affectueusement
la main, et détachant une écharpe couleur de feu, brodée d'or, qui ceignait
sa taille, il me la donna et me quitta
au même instant; il s'éloigna avec rapidité et je le perdis de vue. Je me parai
sur-le-champ de cette écharpe, que je
n'ai quittée qu'à l'époque fatale où je
n'ai plus été digne de la porter!......
Peu de mois après cette aventure, la
paix se fit, et Vitikind vint à la cour.
Tu n'y étais point alors; tu as su depuis le trait que je vais conter, mais
c'est un des plus doux souvenirs qui
me restent; tu n'en connais pas tous les
détails, et il eut une telle influence sur
tous les évènemens de ma vie, que je
dois le rapporter ici. Nous avions tous
combattu Vitikind, et personne de
nous ne connaissait sa figure; outre
que la visière de son casque cachait
toujours son visage, il avait l'habitude
de changer plusieurs fois d'armure dans
le cours d'une bataille, de sorte qu'il se
portait par-tout sans être connu, ni distingué des autres chefs de son armée.
Nous éprouvions tous la plus vive curiosité de voir ce fameux guerrier;
l'Empereur qui parle la langue de Vi-

tikind, le reçut d'abord seul, et l'entretint deux heures ; pendant ce temps,
toute la cour et tous les chevaliers
étaient rassemblés dans une grande salle
du palais ; j'étais de ce nombre, et j'é-
prouvais une impatience inexprimable,
de voir paraître ces deux héros, dont
l'estime et l'admiration mutuelle avaient
depuis long-temps devancé la réconci-
liation. Enfin la porte s'ouvre, et Charlemagne et Vitikind s'avancent en se
tenant par la main : mais quelle fut ma
surprise, lorsqu'en jetant les yeux sur
le dernier, je reconnus à l'instant le
guerrier auquel j'avais sauvé la vie !
mon émotion fut extrême, et elle s'accrut encore, quand Charlemagne, s'arrêtant au milieu du cercle que nous
formions, nous adressa la parole à tous :
Chevaliers, dit-il, Vitikind cherche
parmi vous son libérateur ; l'un de vous
a su sacrifier, sans balancer, les droits
terribles de la guerre aux droits sacrés
de l'humanité ; celui-là doit être un
loyal et preux chevalier ; la générosité
est l'inséparable compagne de la véritable valeur ; comme soldat, j'approuve
son action, comme monarque je dois
la récompenser, puisque Vitikind était
décidé à s'arracher la vie, si son ennemi

se fût obstiné à lui donner des fers, et
alors j'eusse été privé de l'alliance et de
l'amitié d'un grand homme!... L'Empereur parlait encore, lorsque Vitikind
appercevant mon écharpe, tressaillit,
leva les yeux sur mon visage, et me reconnaissant aussi - tôt, s'élança impétueusement vers moi; il me pressa dans
ses bras, je vis couler ses larmes!....
Au milieu de la joie si pure que j'é-
prouvais, je pensai à toi, Isambard, je
te regrettai vivement..... le plus doux
triomphe est imparfait, si les yeux d'un
ami ne le contemplent pas!.... Le soir
même de ce jour si mémorable pour
moi, l'Empereur me fit venir dans son
cabinet, où je le trouvai seul. Olivier,
me dit-il, je vous ai promis une récompense, et je vais vous prouver que déjà
je me suis occupé de votre bonheur.
Je sais que la fille de Vitikind est d'une
beauté incomparable, je la lui ai deman-
dée pour vous, en ajoutant que vous
ignoriez cette démarche: il m'a répondu
qu'après ce que vous avez fait pour lui,
il l'aurait offerte, s'il n'avait pas un engagement sacré. Il a promis sa fille au
vaillant Albion, son lieutenant, et ce
n'est qu'à ce prix qu'il a pu s'assurer
de sa fidélité. L'honneur l'oblige à gar-

der sa parole, et la politique même le lui prescrit ; s'il y manquait, Albion irrité se fixerait en Saxe, s'y mettrait à la tête d'un faible parti qui n'a pas encore subi le joug, et que nous ne réduirions peut-être jamais, s'il avait un tel chef : ainsi l'intérêt de Vitikind, le mien, celui de la France, nous forcent impérieusement de renoncer, sans retour, au projet que j'avais conçu. J'ai cru devoir vous instruire de ces détails, poursuivit l'Empereur, afin de vous préserver d'un espoir, que sans cette connaissance vous auriez pu facilement prendre, en voyant la plus belle personne de l'Europe, et qui est la fille d'un homme généreux et reconnaissant, qui vous doit la vie : mais je saurai trouver d'autres moyens d'assurer votre fortune et votre félicité, et vous pouvez avec confiance vous en reposer sur moi. Quand l'Empereur eut cessé de parler, je balbutiai avec embarras quelques mots de remerciement, et je sortis avec précipitation, afin de lui dérober un trouble dont je ne pouvais moi-même concevoir la cause. Jamais l'idée qu'il venait de m'offrir, n'avait pu se présenter à mon imagination, car jusqu'à ce moment j'avais ignoré que Vitikind eût une fille ; cependant le commencement du discours de Charlemagne me fit éprouver la plus vive émotion : j'admirais le héros Saxon avant de le connaître, et devenu son libérateur, l'amour-propre avait tellement exalté mes sentimens pour lui, que son alliance m'eût paru mille fois plus glorieuse que celle de tous les souverains de la terre. Quand l'Empereur m'apprit qu'il existait une fille de Vitikind, qu'elle était belle…. je sentis palpiter mon cœur !… quand il prononça son nom, un tressaillement involontaire sembla m'avertir que j'entendais nommer celle qui devait faire le destin de ma vie ; et lorsqu'enfin l'Empereur me défendit si formellement de concevoir un espoir dont il avait eu lui-même la première idée, j'éprouvai un abattement inexprimable : je trouvai cet ordre tyrannique, et j'eus beaucoup de peine à lui cacher l'excès de mon mécontentement. Dans cet endroit de sa narration, Olivier poussa un profond soupir. Souffrez, mon ami, dit-il, que pour aujourd'hui j'en reste là…… désormais, dans le cours de mon histoire, je n'ai plus qu'à vous parler D'ELLE, et vous n'imaginez pas quel effort il faudra que je fasse sur moi-même pour pouvoir articuler son nom !..... Déjà le soleil commence à baisser ; hâtons-nous de trouver un asyle. En disant ces mots, Olivier se leva, Isambard appela les écuyers, ils remontèrent tous à cheval et poursui-virent leur route.

CHAPITRE XI.

Constance et Piété filiale récompensées.

> Que sont les passions auprès de la nature !
> DU BELLOY.

> Ah ! qui pourrait effacer dans un jour
> La profondeur des traces de l'amour !
> C'est le torrent qui sillonnant la plaine ,
> A tout empreint du sable qu'il entraîne.
> Les prés rougis , les guérets dépouillés ,
> Marquent les lieux que son cours a souillés ;
> Mais un printemps suffit à la nature
> Pour réparer l'émail et la verdure ;
> La vie entière à peine reproduit
> La paix du cœur qu'un seul instant détruit.
> *Phrosine et Mélidore,* de BERNARD.

Nos Chevaliers , à l'approche de la nuit , entrèrent dans un village où tout annonçait la joie et la gaîté ; on y entendait retentir de toutes parts le son champêtre des flageolets et des cornemuses , et l'on n'y voyait que des danses et des jeux. Il y avait une telle foule sur la grande place, que les Chevaliers du Cygne furent obligés de s'y arrêter. Isambard se trouvant à côté

D 4

d'une vieille femme, la questionna sur la fête, et la paysanne lui apprit que l'on célébrait les noces de Tobie et de Zoé, qui s'étaient mariés le matin ; elle lui montra les nouveaux époux. Isambard fut frappé de la figure douce et intéressante de Zoé ; mais remarquant qu'elle n'était plus de la première jeunesse, la vieille femme répondit que *c'était là le beau* ; et elle allait conter l'histoire de Zoé, lorsqu'Olivier pressa son ami de venir avec lui chercher un logement dans le village : là-dessus la bonne femme offrit sa maison, ce qui fut accepté. Elle appela une jolie enfant de treize ans, qui était sa petite fille ; et fendant la presse en passant devant les Chevaliers, elle les conduisit dans sa cabane. Marianne (c'était le nom de la vieille paysanne), aidée de la petite Colette, eut bientôt préparé pour ses hôtes un souper frugal et champêtre. Lorsque les voyageurs furent à table, Isambard renouvela ses questions sur Tobie et Zoé ; ce qui fit grand plaisir à Marianne, qui s'engageait volontiers dans de longues narrations. Seigneurs Chevaliers, dit-elle, je vais vous conter toute cette histoire ; mais ça commence par une chanson,

car il y a plus de dix ans qu'on a fait
la romance du *bon Robin*; toutes les
jeunes filles du canton la savent, et
si vous voulez, Colette va vous la
chanter. Il faut vous dire auparavant,
que c'est Zoé qui parle dans la chanson, et qu'elle était toute jeune alors.
A ces mots Colette, sans se faire
prier, chante aussi-tôt les couplets
suivans (*).

Premier Couplet.

Dès que la nuit succède au jour,
Quand nos troupeaux sont de retour,
Quand au hameau chacun sommeille,
Moi, pour pleurer, hélas! je veille
A côté du bon vieux Robin,
Qui dort jusques au lendemain.
Mon bon Robin, mon doux Tobie,
Ah! combien vous troublez ma vie!

2.

Oui, Tobie, en dépit du sort,
Je t'aimerai jusqu'à la mort!....

(*) Cette chanson est la traduction d'une très-
vieille romance écossaise, qui me parut avoir
une naïveté originale : je ne l'ai jamais fait graver; cependant il en a couru quelques copies
infidelles, et je l'ai vue dans des recueils gravés,
mais remplie de fautes grossières. La voici telle
que je l'ai faite. J'ai mis en musique, avec des
accompagnemens, toutes les romances de cet
ouvrage. On les vend séparément.

Il fut des amans le modèle,
Jeune et charmant, discret, fidèle,
Il avait tout . . . . il eut mon cœur,
Et pourtant j'ai fait son malheur.
Mon bon Robin, mon doux Tobie,
Ah ! combien vous troublez ma vie !

3.

Un soir j'étais seule à filer,
Tobie en pleurs vint me trouver,
Et d'une voix faible et tremblante
Me dit : Ma Zoé, sois constante,
Je pars ; mais, hélas ! c'est pour toi.
O Zoé ! garde-moi ta foi !
Mon bon Robin, mon doux Tobie,
Ah ! combien vous troublez ma vie !

4.

Tobie alors prenant ma main,
La presse et la met sur son sein :
« Oui, pour obtenir de ton père,
» Me dit-il, cette main si chère,
» Je dois tout tenter, tout risquer ;
» C'en est fait, je vais m'embarquer ».
Mon bon Robin, mon doux Tobie,
Ah ! combien vous troublez ma vie !

5.

Que fait la richesse au bonheur ?
Tobie, hélas ! si j'ai ton cœur,
Sois content de ma destinée.
Ah ! je suis assez fortunée
Si ton amour répond au mien,
Et ta présence est mon vrai bien.
Mon bon Robin, mon doux Tobie,
Ah ! combien vous troublez ma vie !

6.

Je priai, pleurai, mais en vain :
Ferme en son funeste dessein,
Il partit, quitta ces rivages,
Et les plus sinistres présages
Me préparèrent aux malheurs
Qui devaient affliger nos cœurs.
Mon bon Robin, mon doux Tobie,
Ah ! combien vous troublez ma vie !

7.

En proie à ma vive douleur,
J'apprends bientôt tout mon malheur.
Plus d'espoir, plus de mariage,
Mon doux Tobie a fait naufrage ;
Brisé contre un fatal écueil,
Son vaisseau devint son cercueil.
Mon bon Robin, mon doux Tobie,
Ah ! combien vous troublez ma vie ?

8.

Oh ! dans mon sort quel changement !
Je pleurais un fidèle amant,
L'objet de toute ma tendresse ;
Et dans cet excès de détresse,
Mon père malade et souffrant
Mettait le comble à mon tourment.
Mon bon Robin, mon doux Tobie,
Ah ! combien vous troublez ma vie !

9.

Il ne pouvait plus travailler,
Et moi je ne pouvais filer ;
Et sans doute j'eus vu mon père
Mourir de chagrin, de misère,

Sans le secours d'un bon voisin ,
Et ce voisin, c'était Robin.
Mon bon Robin, mon doux Tobie ,
Ah! combien vous troublez ma vie!

10.

Conduit d'abord par la pitié ,
Et retenu par l'amitié ,
Ne quittant plus notre chaumière,
Robin soigna, veilla mon père.
Mais ce Robin si bienfaisant ,
Bientôt ne fut plus qu'un amant.
Mon bon Robin, mon doux Tobie ,
Ah! combien vous troublez ma vie !

11.

Chère Zoé, dit-il un jour,
Ne dédaignez pas mon amour.
Ah! quel berger du voisinage
Pourrait mettre à vos pieds l'hommage
De cinq troupeaux, d'un potager ,
Et d'une ferme et d'un verger !
Mon bon Robin, mon doux Tobie ,
Ah! combien vous troublez ma vie!

12.

Se joignant au bon vieux Robin ,
Mon père fixa mon destin ;
Le devoir, la reconnaissance
Me forçaient à l'obéissance.
Robin eut ma main et ma foi ,
Mais mon cœur n'était plus à moi.
Mon bon Robin , mon doux Tobie ,
Ah! combien vous troublez ma vie!

13.

Ah ! quel nouvel évènement
Doit encore aigrir mon tourment !....
Un mois après mon mariage
J'étais le soir dans un bocage ;
Tout-à-coup s'approchant sans bruit,
Tobie à mes regards s'offrit.
Mon bon Robin, mon doux Tobie,
Ah ! combien vous troublez ma vie !

14.

L'amour, la joie et la frayeur
Troublèrent tour à tour mon cœur.
Tobie, eh quoi, tu vis encore !
Et c'est en vain que je t'adore !
Malheureux ! connais ton destin !
Je suis la femme de Robin.....
Mon bon Robin, mon doux Tobie,
Ah ! combien vous troublez ma vie !

15.

Tobie alors désespéré,
Pâle et tremblant, l'œil égaré,
Veut s'arracher de ma présence :
Pour le retenir je m'élance.....
Il me demande un seul baiser.
Un seul ! ..... comment le refuser !
Mon bon Robin, mon doux Tobie,
Ah ! combien vous troublez ma vie !

16.

Hélas ! que ne puis-je oublier
Cette rencontre et ce baiser !
Mais malgré l'amour qui m'enflamme,
Puisque je trouve dans mon ame

Et l'innocence et la vertu,
Le bonheur peut m'être rendu ;
Avec le temps, Robin, Tobie,
Cesseront de troubler ma vie.

Quand la petite fille eut cessé de chanter, Isambard remarqua qu'Olivier essuyait quelques larmes, que la fin du dernier couplet lui avait fait répandre. Isambard allait terminer cet entretien, lorsqu'Olivier lui-même pria Marianne d'achever l'histoire de Zoé. La bonne femme ne se fit pas répéter cette prière ; elle se rapprocha avec empressement, s'assit sur une escabelle de bois en face de ses hôtes, et prenant aussitôt la parole : Je voudrais, dit elle, que ma voisine Simone fût ici, car pour conter l'histoire de Tobie, il n'y a personne comme elle dans le village ; mais enfin je ferai de mon mieux pour vous satisfaire. Vous saurez donc que Tobie s'en fut si loin, si loin, qu'on n'entendit plus du tout parler de lui. Zoé pleura je ne sais combien de temps ; on savait ça, et pas moins chacun l'aimait ; on disait : c'est plus fort qu'elle ; mais si elle regrette Tobie, quoique ça elle soigne bien le vieux Robin, elle est bonne ménagère, humaine avec tout le monde ; le bon Dieu lui fera la grace quelque jour d'ôter de sa fantaisie ce jeune homme..... Son père, qui l'aimait comme ses yeux, à cause de son obéissance, lui disait toujours: ça te passera, Zoé, ça te passera ; le ciel bénit les enfans qui honorent leurs père et mère ; et Zoé qui faisait contre fortune bon cœur, disait : mon père, le ciel me bénit puisque vous êtes content. A la fin son père fut prophète, car Zoé oublia tout-à-fait Tobie ; quelquefois, quand on parlait d'amourette, elle faisait un soupir par-ci par-là, mais Tobie ne lui tenait plus au cœur, et elle n'aimait plus que son père et son bon Robin. Il y avait déjà sept ans que Zoé était mariée, lorsqu'un beau jour un hermite inconnu vint s'établir dans le village ; vous ne devineriez jamais quel était cet hermite-là..... Oh ! ma mère, interrompit vivement Colette, il ne faut pas dire encore que c'est Tobie..... Voulez-vous bien vous taire, petite fille ? s'écria la vieille avec colère. Dame, reprit la jeune fille, c'est que vous dites toujours son nom trop tôt, et la voisine Simone dit que cela gâte toute l'histoire. A ce reproche sans doute mérité, Marianne hors d'elle-même, se leva avec emportement en

menaçant l'imprudente Colette ; mais
Isambard arrêta la vieille femme, et
la pria de continuer son récit ; Colette
demanda et obtint son pardon, et Marianne reprenant la parole: J'en étais,
dit-elle, à l'arrivée de l'hermite ; il
avait l'air d'un saint ; il était pâle comme
un linge, et il avait une grande barbe
blanche qui lui descendait jusque sur
l'estomac. C'était un singulier hermite !
il ne demandait pas l'aumône, et il
acheta un enclos sur le haut d'une colline ; il y fit bâtir un hermitage, entouré d'un verger, et puis il s'enferma
là pour prier le bon Dieu et cultiver
son jardin ; il ne sortait que pour aller à
l'église, ou chez les pauvres et les malades, car il connaissait toutes les herbes
de la terre, et il guérissait avec cela
en un clin d'œil toutes les maladies du
pays. On allait le consulter, il ne prenait point d'argent ; mais jamais il ne
recevait de femmes, jamais il ne leur
parlait, il ne visitait que les garçons et
les veufs : c'était, disait-il, un vœu
qu'il avait fait ; et quand il allait dans
les rues ou dans les champs, il était
toujours embeguiné dans son grand capuchon. Tout le village avait autant de
foi à sa sainteté qu'à sa science et à

ses herbages, et on lui demandait autant de prières que de racines. Il était depuis un an dans ce bourg, quand tout d'un coup le bon Robin, qui avait 76 ans, tomba malade, et il fut bientôt à l'extrémité; alors Zoé toute désolée, prenant son parti: Je suis sûre, dit-elle, que l'hermite guérirait mon bon Robin, je m'en vais y aller; il me chassera s'il veut, mais je le prierai tant, je pleurerai tant, que j'obtiendrai de lui, ou qu'il fasse une neuvaine pour mon bon Robin, ou qu'il me donne quelqu'herbe pour lui. La voisine Simone qui était là, et qui est avisée comme personne, dit : Sans doute, Zoé, l'hermite guérirait Robin, c'est un saint homme qui n'a pas un cœur de roche, malgré son vœu, et si une fois il vous écoutait et vous entendait sangloter comme ça, il vous accorderait votre prière; mais le tout c'est de pouvoir approcher de lui; il est toujours dans son jardin : du haut de sa colline, il apperçoit de loin tout ce qui vient; et s'il voit une femme grimper sa montagne, aussi-tôt il rentre dans sa maison, s'y enferme, et l'on a beau crier et taper, il ne répond non plus qu'un sourd. Voici donc ce que je vous conseille : j'ai un jeune garçon de votre taille , je vous prêterai son habit des jours de fête , et déguisée ainsi , vous irez chez l'hermite. Simone, répondit Zoé, vous me proposez là un coup bien hardi, il faut que je consulte là-dessus mon mari et mon père. Qui fut dit, fut fait ; le père approuva la chose, et Robin qui était moribond , pressa sa femme d'aller bien vîte à l'hermitage : elle se déguisa donc comme le lui avait conseillé Simone , et sous la figure d'un beau jeune garçon, mais bien pensive et toute honteuse au fond de l'ame, elle prit le chemin qui conduit à la mai-son de l'hermite ; c'était à la brune, et pourtant le cœur lui battait bien fort, dans la crainte de rencontrer quelqu'un et d'être reconnue. Enfin elle arrive, elle monte la colline, et la voilà tout près de l'hermite , qui était assis sur un banc de gazon , à quelques pas de sa cabane. Elle s'arrête, car elle n'osait avancer : Venez, venez, mon fils , lui dit l'hermite , approchez, que me voulez-vous ?..... Il ne voyait pas bien son visage, parce qu'elle avait un grand chapeau , et qu'il commençait à faire nuit : mais quand Zoé entendit la voix de l'hermite, elle sentit comme un frisson qui lui courait par tout le corps, sans qu'elle sût pourquoi. . . . . . et elle resta à sa place, sans mot dire. L'hermite se leva et vint à elle ; alors elle se jeta à ses genoux : O mon cher père, s'écria-t-elle en pleurant, il y a dans le village un homme de bien qui se meurt. . . . . sauvez-le. . . . . L'hermite, tout interdit de l'entendre parler, lui demanda si c'était son père. — Non, répondit-elle ; mais c'est tout de même pour moi. — Comment s'appelle-t-il ? — C'est mon bon Robin. — Comment votre bon Robin ? s'écria l'hermite d'un ton courroucé ; et qui êtes-vous donc ?. . . . . A cette question, la pauvre Zoé fut si saisie, qu'elle tomba comme morte aux pieds de l'hermite. Lui, voyant qu'elle était en syncope, la porta sur le banc de gazon ; et, lui ôtant son chapeau, il la reconnut tout-à-fait, mais ne fit pas semblant de rien : seulement il s'enveloppa avec soin la tête dans son capuchon. Dans ce moment, Zoé r'ouvrit les yeux, en disant : Mon très-cher père, ne me chassez pas ; je suis une femme, il est vrai, je vous en demande bien pardon. . . . . — Vous devez en effet me demander pardon, lui répond l'hermite : femme trompeuse !..... — Mais c'est pour mon mari que je vous ai trompé..... — Je ne le sais que trop..... ; et vous voulez que j'aille soigner et guérir ce mari !..... — Mon père, faites seulement une neuvaine pour lui..... Là-dessus, l'hermite resta pensif, et puis il dit : Ecoutez ; pour que ma neuvaine le guérisse, il faut que vous en fassiez une aussi de votre côté..... — Oh ! je la ferai..... — Cela ne suffit pas ; votre prière ne sera point exaucée, si vous n'aimez pas uniquement votre mari..... — Uniquement !..... mais j'ai un père que j'aime autant que mon bon Robin..... — Voilà tout ce que vous aimez ?..... — Je vous assure, répondit Zoé, en faisant un grand soupir, que je ne pense plus à autre chose..... — Cela est-il possible ! cria l'hermite d'un ton terrible qui fit trembler Zoé. — Ah ! mon père, dit-elle, je ne vous cacherai rien : j'ai une seule chose à me reprocher ; mais promettez-moi que malgré cela, vous ferez la neuvaine..... — Oui, oui, je la ferai, si vous me dites tout..... — Eh bien, mon père, avant d'être la femme de Robin, j'avais un amoureux que j'aimais plus que moi-même !..... Un jour il me donna

une petite croix d'argent. Zoé, dit-il,
promets-moi de la porter tant que tu
m'aimeras..... — Oui, Tobie, lui répondis-je, oui, je fais serment de la
porter toute ma vie ; et je fis bénir
cette petite croix......; et je l'ai encore
à mon cou ! J'aurais dû la quitter depuis mon mariage ; mais je me suis dit
à moi-même que je la gardais, parce
qu'elle est bénite : je crois bien que
ce ne fut pas pour cela seulement..... ;
cette croix nuirait à la neuvaine, je
dois m'en priver ; la voici, je vous la
donne, mon père..... En disant cela,
Zoé détacha de son cou la petite croix.
L'hermite ne répondit rien, car il pleurait..... Au bout d'un moment : Non,
non, ma chère fille, dit-il, gardez
votre croix, il n'y a pas de mal à cela ;
elle est bénite, gardez-la, portez-la
toujours, je le veux. Je dirai la neuvaine, et je vais aller voir votre mari ;
mais pendant tout le temps que je le
soignerai, je vous défends d'être auprès
de lui ; je veux être seul avec le malade ; ni vous, ni votre père ne paraî-
trez dans la maison, tant que j'y serai.
Et d'ailleurs, ne revenez jamais ici ; ne
me parlez plus, si vous me rencontrez,
car je ne veux rien avoir de commun

avec les femmes, puisque même la meilleure est trompeuse. Allez, Zoé, dans deux heures je serai chez vous. Zoé s'en retourna toute joyeuse ; elle dit à Robin que l'hermite allait venir, et qu'il fallait qu'elle et son père sortissent de la maison, ce qu'ils firent tout de suite. L'hermite arriva ; il passa trois nuits entières auprès de Robin ; il lui fit avaler je ne sais combien d'herbes, et enfin il le guérit tout-à-fait. L'hermite aussi-tôt retourna dans sa maison, et Zoé, avec son père, revint dans la sienne. Robin vécut encore deux ans, et il vivrait peut-être encore, s'il n'avait pas fait un voyage malgré sa vieillesse. Il avait un frère à vingt lieues d'ici, qui mourut : Robin voulut aller lui-même recueillir son héritage. Arrivé dans la ville, il tomba malade ; il n'y avait pas là d'hermite pour dire des neuvaines : le bon vieux Robin mourut. Quand la nouvelle en vint dans le village, Zoé en fut aussi chagrine que si elle eût perdu son père ; elle s'enferma plus de deux mois, pour le pleurer tout à son aise. Pendant ce temps-là, l'hermite ne pleurait pas. Il apprit la mort de Robin par André, le fils de Simone, ce jeune garçon dont

Zoé porta l'habit, quand elle se déguisa en homme. André voyait l'hermite, parce qu'il avait la jaunisse ; mais
l'hermite avait beau faire, André ne
guérissait pas ; il était toujours jaune
comme un citron. A la fin, l'hermite
lui dit : Ecoutez, André, ça n'est pas
naturel, vous êtes plus blême que jamais ; il y a quelque chose là-dessous.
André vit bien qu'on ne pouvait rien
cacher à l'hermite, et il lui avoua qu'il
était malade de chagrin, qu'il aimait
Justine, et qu'on ne voulait pas qu'il
l'épousât, parce qu'elle était la jeune
fille la plus pauvre du village. Il fallait
donc me dire cela, répondit l'hermite,
je ne vous aurais pas entrepris, car je
ne sais pas comment on guérit de
l'amour ; mais tranquillisez-vous, André, aimez toujours votre Justine, et
quelque jour je tâcherai d'arranger
votre mariage. Ce fut donc, comme
je vous le disais, ce jeune garçon qui
apprit à l'hermite la mort de Robin.
Là-dessus, l'hermite parut tout saisi,
et renvoya André ; mais, quinze jours
après, l'hermite voulut aller, avec
André, chez la mère Simone, qui fut
bien surprise de le voir entrer dans sa
maison. Mère Simone, dit l'hermite,

votre fils aime Justine, que vous trou-vez trop pauvre. Si vous consentez à son mariage, je donnerai à Justine ma maison, mon verger et mes deux va-ches. Vous jugez que Simone fut tout ébahie ; elle donna sur-le-champ son consentement, et il fut décidé qu'An-dré et Justine se marieraient dans six semaines ; et comme Justine était or-pheline, l'hermite promit de lui tenir lieu de père et de la conduire à l'église. Un mois après cette aventure, un fa-meux chevalier, Ogier le danois, passa par ici ; et comme il y coucha, il apprit l'histoire de Justine et d'André. La constance d'André, dit-il, et son obéis-sance pour sa mère, qui l'empêchait d'épouser celle qu'il aime, méritaient bien une récompense. Dans quinze jours, je reviendrai à sa noce ; et je lui donnerai, comme une marque de l'estime que j'ai pour sa vertu, une superbe coupe d'argent, sur laquelle ces mots seront gravés : *Offert à la fidélité et à la piété filiale.* Ce bon chevalier partit, après avoir fait dire à André, qu'il serait certainement de retour pour son mariage. En effet, la veille il arriva ; et il fut convenu que pour mieux faire briller la vertu d'André,

dré, la coupe lui serait donnée sur la grande place, en présence de tous les jeunes garçons du village. Il y avait plus de deux mois que Robin était mort. Simone pria Zoé, qui était sa parente, de venir au mariage ; et Zoé y consentit, mais sur-tout pour revoir ce saint hermite qui guérissait les bons maris, et qui mariait les jeunes filles. Hélas ! dit-elle, s'il eût été ici dix ans plutôt, j'aurais épousé mon doux Tobie, car je l'aimais encore mieux que Justine n'aime André ; mais j'ai été heureuse avec Robin ; je ne dois pas me plaindre. Elle disait cela en confidence à la mère Simone, qui était venue la chercher pour la mener chez Justine, et puis de là à la grande place, pour recevoir la coupe, et en-suite à l'église. Elles arrivèrent à neuf heures du matin, dans la petite chau-mière de Justine. L'hermite n'y était pas encore ; mais, au bout d'un quart-d'heure, il entra tout-à-coup. Il était si enveloppé dans son coqueluchon, qu'on lui voyait à peine le bout du nez ; il avait la tête et les yeux baissés ; et il se tint contre la porte, sans ou-vrir la bouche. Nous crûmes toutes (car j'étais aussi là) qu'il avait honte de se trouver dans une petite chambre avec tant de femmes ; et nous étions toutes édifiées de le voir si confus et si recueilli. Enfin nous partîmes pour nous rendre à la grande place ; l'hermite, ma voisine Simone et les deux mariés, marchaient à notre tête ; Zoé donnait le bras à son père, qui n'a que soixante-six ans, et qui est un beau vieillard, bien frais et bien vert ; j'étais à côté d'eux : le reste de la noce nous suivait derrière. Nous trouvâmes tout le village rassemblé sur la grande place, car chacun voulait voir Ogier le danois donner la belle coupe au jeune André. Le chevalier, assis sur le gazon, nous attendait ; et aussi-tôt qu'il nous apperçut, il se leva, prit la coupe d'argent, et montant sur un tronc d'arbre pour être vu de tout le monde, il appela André. Dans ce moment, l'hermite s'avança, et demanda la permission de parler. On fit un grand silence ; et l'hermite, s'adressant au Chevalier : Généreux Ogier, lui dit-il, je ne dispute point à André l'honneur de recevoir cette coupe de vos mains, mais je lui dispute la gloire d'être l'amant le plus fidèle du village. Il n'aime Justine que depuis deux ans, et Justine lui a gardé sa foi..... Pour moi, j'aime depuis quatorze ans, et il y en a dix que j'aime sans espérance !..... Enfin, ayant acquis assez de bien pour faire un riche établissement, j'ai renoncé au monde et à la société des femmes ; j'ai pris ce déguisement ; j'ai bâti une maison sur le haut d'une colline déserte, parce que de là je pouvais découvrir dans le lointain l'habitation de celle qui m'a trahi !..... Voilà mon histoire. Qui oserait me disputer le prix de l'amour et de la constance ? En achevant ces mots, l'hermite se débarrasse de son capuchon, de sa robe et de sa fausse barbe. Zoé jette un cri perçant, en tombant toute en pleurs sur le sein de son père ; et chacun reconnaît Tobie. Le père de Zoé prend sa fille dans ses bras, et la portant vers Ogier : Oui, dit-il, Tobie est digne d'avoir le prix de la fidélité ; mais ma fille Zoé mérite celui de la piété filiale. Elle aimait Tobie ; et elle épousa et aima le vieux Robin tant qu'il vécut, parce que je lui devais la vie. Quand le bon père eut parlé, Tobie vint se jeter à son cou ; et nous criâmes tous qu'il fallait que Zoé épousât Tobie. Oui, dit le vieillard ; quand elle aura pleuré le bon Robin l'année entière, j'y consentirai de grand cœur. Pendant que tout cela se passait, Ogier le danois, sur son tronc d'arbre, était si émerveillé, qu'il en restait immobile comme une souche. Enfin, Tobie lui mena André pour recevoir la coupe. Le Chevalier la donna à André, qu'il embrassa, ainsi que Tobie. Mes amis, leur dit-il, j'ai vécu parmi les grands et dans les cours ; je n'ai vu là ni amour, ni amitié, ni fidélité ; et je vois que la vertu, bannie des villes et des palais, s'est réfugiée sous le chaume. Bénissez votre condition, je l'envie, et croyez qu'il n'en est point de plus heureuse sur la terre. Après ce discours, nous fûmes à l'église, où se fit le mariage de Justine et d'André. Ogier le danois promit de revenir encore pour les noces de Tobie et de Zoé. Cependant nous ne l'avons plus revu ; mais ce matin, après la messe nuptiale, quand Tobie et Zoé sont rentrés chez eux, ils ont trouvé dans leur chambre une grande coupe d'argent doré, bien plus belle que celle d'André, et on leur a dit qu'un inconnu l'avait apportée de la part d'Ogier le danois. A présent, continua la bonne femme, il ne me reste plus qu'à vous dire que Tobie, qui a appris dans ses voyages à connaître toutes les herbes et bien d'autres belles choses, a rapporté assez d'argent pour acheter un grand pré, une vigne et une ferme, sans parler de la maison qu'il a donnée à Justine. Toutes ces possessions, avec celles de Zoé, à qui Robin a laissé tout ce qu'il avait, rendent Tobie le plus riche fermier du pays ; mais il fait un bon emploi de sa fortune ; il est bien charitable pour les pauvres et les malades ; chacun l'aime et est charmé de son bonheur. Ici, Marianne cessa de parler. Isambard la remercia, et l'assura que la voisine Simone n'aurait pu mieux conter cette histoire. Oh ! pardonnez-moi, reprit Marianne ; il faut que vous sachiez que Tobie, qui a voyagé, parle comme un livre ; et ma voisine Simone vous aurait conté bien plus au long ses discours et ceux d'Ogier le danois. Moi, je n'en ai retenu que la moitié ; et j'ai oublié tout plein de belles paroles que vous auriez été bien aises d'entendre. Mais, poursuivit-elle, il se fait tard, et vous avez besoin de repos ; il est temps de s'aller coucher. En disant ces mots, elle se leva, prit la lampe qui était sur la table, et conduisit les Chevaliers dans la petite chambre qu'elle leur avait préparée. Lorsqu'ils eurent fermé la porte avec soin, Olivier se jeta dans les bras d'Isambard, en fondant en larmes. O mon ami, ô mon frère, lui dit-il, quelle nuit tu vas passer !..... — Je te l'ai dit, reprit Isambard, désormais je les passerai toutes avec toi..... — Non, interrompit Olivier, je ne veux point t'associer à mon affreuse destinée..... — Olivier, reprit Isambard, quand je connais ton malheur, peux-tu m'empêcher de souffrir autant que tu souffres toi-même ? peux-tu croire que loin de toi, mes nuits seraient paisibles ?...... Non, non, tes terreurs ont passé dans mon ame : désormais il n'est plus de repos pour moi durant les ténèbres de la nuit..... Je connais l'heure fatale où ton supplice commence, je sais combien il dure !..... Je te le proteste, Olivier ! pendant cet horrible espace de temps, le sommeil n'appesantira jamais les paupières de ton ami. Si un accident imprévu me séparait de toi quelques jours, oh ! dis-toi bien alors : *Isambard souffre et pleure avec moi.* Oui ! ces heures funestes sont à jamais pour moi consacrées à la douleur ! l'amour même les réclamerait en vain ; il n'aurait pas le droit de me faire oublier tes tourméns, et de m'empêcher de les partager. Eh bien, jouis donc de ton bienfait ! s'écria Olivier ; je ne croyais pas qu'il existât pour moi sur la terre l'ombre même d'une consolation, et je sens que ton amitié généreuse adoucit l'horreur de mon sort ! il ne m'était plus possible de répandre des larmes ; le saisissement et l'effroi en arrêtaient le cours, et déjà je puis pleurer !..... Je suis à jamais le plus infortuné des hommes, mais ce cœur déchiré n'a pas tout perdu, puisqu'il lui reste encore un ami tel que toi. Après cet entretien, le malheureux Olivier se coucha ; Isambard se mit à genoux dans la ruelle de son lit, il appuya sa tête sur le chevet, et prit une de ses mains dans les siennes..... A minuit précis, la porte s'ébranla et s'ouvrit ; le spectre parut, s'avança lentement, prononça les terribles paroles, et ensuite se posa sur le lit du côté opposé à celui où était Isambard. Cet ami fidèle sentit la main d'Olivier devenir froide et tremblante ; il appuya sa bouche sur cette main glacée, et la baigna de pleurs..... Il resta

E 4

dans cette attitude jusqu'aux premiers rayons du jour ; alors le fantôme disparut : Olivier se précipita sur le sein de son ami, et la reconnaissance, durant quelques instans, suspendit dans son ame le sentiment affreux de ses maux.

CHAPITRE XII.

L'Amour.

Quand les ordres du ciel nous ont faits l'un pour l'autre,
Lise, c'est un accord bientôt fait que le nôtre !
Sa main, entre les cœurs, par un secret pouvoir,
Sème l'intelligence avant que de se voir ;
Il prépare si bien l'amant et la maîtresse,
Que leur ame au seul nom s'émeut et s'intéresse.
On s'estime, on se cherche, on s'aime en un moment,
Tout ce qu'on s'entredit persuade aisément ;
Et sans s'inquiéter d'aucunes peurs frivoles,
La foi semble courir au-devant des paroles.
La langue, en peu de mots, en explique beaucoup ;
Les yeux, plus éloquens, font tout voir tout d'un coup :
Et de quoi qu'à l'envi tous les deux nous instruisent,
Le cœur en entend plus que tous les deux n'en disent.

La suite du Menteur, de PIERRE CORNEILLE.

Par son respect l'amour vrai se déclare,
C'est lui qui craint, qui se fuit, qui s'égare,
Qui d'un regard fait son suprême bien,
Désire tout, prétend peu, n'ose rien (*).

A dix heures du matin, les Chevaliers du Cygne prirent congé de la bonne Marianne, et quittèrent le village. Ma-

____

(*) Brama assai, poco spera, nulla chiede.

LE TASSE.

E 5

rianne les avait prévenus qu'à cent pas du village, ils passeraient devant l'hermitage que le fidèle et généreux Tobie avait donné à Justine. Les deux frères d'armes s'arrêtèrent en face de la colline, pour contempler cette humble demeure. Pauvre Tobie ! dit Isambard, combien il a souffert dans cette petite maison ! lorsque solitaire et déguisé il passait les jours à regarder dans l'éloignement la chaumière de la femme de Robin ! Ah ! je ne puis le plaindre, s'écria Olivier, il n'avait point de remords, et celle qu'il aimait existait, elle vivait paisible, heureuse !........ Isambard ! te rappelles-tu les derniers vers de la romance de Zoé ; ils ont retenti jusqu'au fond de mon cœur, les voici :

> Puisque je trouve dans mon ame
> Et l'innocence et la vertu,
> Le bonheur peut m'être rendu.

Ces paroles, si terribles pour moi, ont fait couler mes pleurs !.... Oh ! quand nos maux sont notre propre ouvrage, quand un remords affreux nous déchire et nous obsède dans tous les instans, c'est alors que la douleur n'a de mesure ni dans son excès ni dans sa durée. Le temps, je le sais, détruit les impressions les plus profondes ; les passions meurent, mais le remords vit toujours ; il ne permet pas que le souvenir de l'action qui le cause, puisse s'effacer de la mémoire, ou même s'affaiblir ; et jusque dans cet instant où tous nos desirs, toutes nos affections nous abandonnent, jusque sur le bord de la tombe, le remords, avec une force nouvelle, nous poursuit et nous épouvante. En achevant ces mots, Olivier poussant son cheval, continua sa route. A midi les Chevaliers s'arrêtèrent dans une ferme, où ils dînèrent ; après le dîner ils passèrent dans un verger, et s'asseyant au pied d'un arbre, Olivier reprit son histoire en ces termes :

La fille de Vitikind était attendue à la cour...... le bruit de sa beauté, la réputation de son père, les mœurs sauvages de son pays, tout concourait à exalter la curiosité qu'on avait de la voir, pour moi j'étais livré à des bizarreries inconcevables..... je ne pouvais entendre prononcer son nom sans tressaillir, et sans éprouver je ne sais quel sentiment vague et pénible, dont j'attribuais la cause au dernier entretien que j'avais eu avec Charlemagne ; car cette conversation fatale avait produit sur mon cœur et sur mon imagination une impression ineffaçable....... Un jour que j'étais avec Armoflède, on vint me chercher de la part de la princesse Emma (*) ; je me rendis sur-le-champ à ses ordres. En entrant dans son appartement, je vis un groupe de dames, qui toutes étaient debout : tout-à-coup Vitikind sort du centre de ce groupe, vient à moi et me prend par le bras ; il me guide. Dans cet instant j'apperçois une jeune personne, dont l'habit étranger excite en moi la plus vive émotion...... Je ne pouvais voir son visage, elle me tournait le dos...... je ne voyais que sa taille ravissante et ses deux longues tresses de cheveux blonds...... mon trouble croissait à chaque pas ;..... mais que devins-je, ô ciel ! quand elle se retourna !..... Vitikind me conduisit près d'elle , et en me présentant, lui expliqua qui j'étais, et ce qu'il me devait ; je n'entendis pas son discours, mais l'expression du visage de sa fille peignait, de la manière la plus touchante, tout ce qu'il lui disait. Quand il eut cessé de parler,

____

(*) Fille de Charlemagne.

elle fixa sur moi des yeux remplis de
larmes, et me tendit la main.... Je mis
un genou en terre pour recevoir cette
main divine, que j'osai presser dans les
miennes...... Cette action la surprit,
elle me considéra avec une espèce de
saisissement, et je la vis pâlir!... Ah!
sans doute dans cet instant un pressentiment funeste vint troubler son ame
timide et sensible!.... son regard fixe,
sa pâleur, l'expression douloureuse de
sa physionomie me frappèrent tellement, que jamais depuis, mon imagination n'a pu se représenter son charmant visage que sous cet aspect terrible
et touchant.... En sortant de chez la
princesse Emma, je courus précipitamment à ma maison, je montai dans
ma chambre, et je m'y enfermai : là,
sans témoins, seul avec mon cœur et
mon ardente imagination, j'éprouvai
une espèce de terreur que je ne puis
dépeindre; je craignais de m'interroger
moi-même, j'étais effrayé du trouble
violent de mon ame, j'envisageais confusément un avenir orageux..... un
sentiment insurmontable m'offrait une
nouvelle destinée ; j'entrevoyais des
persécutions , des obstacles invincibles..... mille idées noires et sinistres

se mêlaient aux premiers transports d'une passion naissante, mais déjà sans bornes.... Il était inutile de chercher à me déguiser que non-seulement j'aimais avec frénésie, mais que je pourrais être aimé..... Ce visage plus ravissant encore, s'il est possible, par l'expression que par la beauté, ce visage enchanteur m'avait tout dit, mon sort venait d'être irrévocablement fixé : mais le sien !..... Mais devais-je me livrer au coupable espoir de lui plaire et d'obtenir son cœur, quand sa main était promise ?..... devais-je troubler le calme de sa vie ? oserais-je abuser de sa candeur et de sa sensibilité, pour lui faire trahir son devoir et lui ravir à-la-fois l'innocence, la paix et le bonheur ?...... Non, non, m'écriai-je, non ; je puis être un insensé, mais je ne serai point un vil séducteur ! Eh ! qu'importe ma destinée, pourvu que la sienne soit heureuse !..... Ces idées et ces réflexions m'occupèrent uniquement le reste du jour et la plus grande partie de la nuit ; je me promis à moi-même de renfermer à jamais dans le fond de mon cœur, le sentiment impérieux qui le remplissait tout entier. Pour me livrer sans remords à ma pas-

sion, je sus me persuader que je renon-
çais à l'espérance ; et satisfait d'une
générosité chimérique, fermant les yeux
sur l'avenir, repoussant les conseils sé-
vères de la raison, je m'abandonnai
sans réserve à l'amour. J'appris le lendemain que Célanire..... était entrée
dans un monastère, qu'elle y passerait
quatre mois, afin de s'y instruire des
vérités de la religion chrétienne, et
qu'ensuite elle reviendrait à la cour :
j'appris encore qu'Albion, retenu en
Saxe par des affaires importantes, ne
devait arriver en France que dans six
mois. Emma avait pris pour Célanire
la plus vive amitié ; elle allait sans cesse
la voir dans son monastère, elle parlait
souvent d'elle, et j'allais chez la princesse Emma avec plus d'assiduité que
jamais ; je lui entendais dire que Célanire apprenait la langue française avec
une ardeur extraordinaire, et qu'elle y
faisait des progrès surprenans ; de mon
côté, j'apprenais le saxon, et j'em-
ployais à cette étude tout le temps dont
je pouvais disposer. Cependant Armoflède qui m'observait attentivement,
fut frappée du changement qu'elle remarqua dans ma conduite et dans mes
manières. J'étais devenu distrait et rê-

veur ; je fuyais le grand monde et les assemblées bruyantes ; je passais une partie de ma vie chez Emma ; cette princesse avait l'air de me distinguer. Armoflède imagina que j'en étais amoureux : son dépit en fut extrême, d'autant plus qu'Emma, depuis long-temps, montrait pour Armoflède une aversion décidée. Comme cette dernière croyait que j'avais eu pour elle une grande passion, et qu'elle avait fait confidence de ce prétendu secret à toute la cour, elle pensa qu'Emma ne la haïssait que parce qu'elle la regardait comme une rivale dangereuse. Tu revins à la cour dans ces entrefaites ; tu m'avais vu, avant ton départ, très-occupé d'Armoflède ; tu me demandas s'il était vrai que j'eusse une passion nouvelle pour Emma ; je t'assurai du contraire, et tu fus persuadé par cette seule réponse, que j'avais conservé pour Armoflède mes premiers sentimens. Cependant Célanire sortit de sa retraite, je la revis chez Emma : aussi-tôt qu'elle m'apperçut elle vint à moi, et me dit qu'elle éprouvait une vive satisfaction de pouvoir s'exprimer dans la langue de mon pays, afin de m'assurer qu'elle partageait toute la reconnaissance que me devait son père. Ces paroles, le son touchant de sa voix, le plaisir de l'entendre parler, me causèrent une si violente émotion, que je n'essayai même pas de lui répondre ; elle ne me parlait plus, et je l'écoutais toujours, je l'entendais encore...... Elle me regardait avec intérêt et curiosité, et s'appercevant que mes yeux se remplissaient de larmes : Olivier, me dit-elle, combien je suis touchée de votre tendresse pour mon père ! ah ! j'avais cru jusqu'ici qu'une femme seule pouvait être aussi sensible que vous paraissez l'être. Oh ! Célanire, m'écriai-je à mon tour, ne jugez point de ma sensibilité, vous ne la connaîtrez jamais !..... Ces paroles l'étonnèrent d'autant plus, que je les prononçai dans sa langue. Et depuis quand, dit-elle, apprenez-vous le saxon ?..... Depuis que je vous ai vue. A ces mots une vive rougeur colora son visage ; elle tressaillit ; un rayon de joie brilla dans ses beaux yeux : mais aussi-tôt la réflexion cruelle réprimant ce mouvement involontaire, elle soupira, baissa tristement la tête, et tomba dans une profonde rêverie. Je la contemplais en silence, je lisais mieux dans son ame que si elle eût voulu me dépeindre ce qui s'y passait ; nul discours n'aurait pu donner une juste idée de ce cœur si tendre, si délicat et si sincère ; son visage seul pouvait exprimer ses sentimens. Je la regardais avec un ravissement qui suspendait en moi toute autre idée ; j'oubliais que nous étions environnés d'un cercle nombreux, qu'on pouvait nous observer, et que si l'on eût jeté les yeux sur moi, l'on eût infailliblement découvert le secret que j'avais tant d'intérêt de cacher. Enfin un grand mouvement qui se fit tout-à-coup dans la chambre, nous rendit à nous-mêmes ; c'était l'Empereur qui entrait avec Vitikind. En les appercevant, nous nous éloignâmes brusquement l'un de l'autre. Hélas ! le même sentiment nous avait rapprochés, et la même pensée nous sépara ! Il faut avoir connu le charme et le tourment d'une grande passion, pour se faire une idée de cette étonnante et rapide succession de sensations déchirantes et délicieuses qui agitent continuellement un cœur qui s'est livré tout entier ! Je venais de goûter le bonheur le plus pur, et le seul aspect de Charlemagne et du héros saxon me ravit une illusion si chère et

me plongea dans la plus profonde tristesse. Je ne pouvais regarder ces deux
hommes, que j'avais tant aimés, sans
éprouver un sentiment d'une amertume
inexprimable : ils m'avaient défendu
d'aspirer à Célanire, je ne voyais plus
en eux que des tyrans ; leur présence
m'imposait une mortelle contrainte, et
réveillait en moi des idées accablantes ;
leurs caresses même m'étaient à charge ;
ils me refusaient le seul bien qui pût
me rendre heureux, et je ne trouvais
qu'une fausseté cruelle dans les plus
touchans témoignages de leur amitié
pour moi. Je sortis bientôt de chez la
princesse, et descendant au même instant dans les jardins, je m'enfonçai dans
le bois de sapins et de cyprès, afin de
me livrer sans distraction à la seule
pensée qui pût occuper mon cœur et
mon imagination. Mille réflexions dou-
loureuses s'offraient confusément à mon
esprit ; je les repoussai toutes ; je voulais me retracer dans tous ces détails,
le bonheur fugitif dont je venais de
m'enivrer ; je voulais, pour ainsi dire,
en jouir encore une seconde fois. Je me
rappelai si vivement ce que m'avait dit
Célanire, le son de sa voix, ses in-
flexions, son accent ; je me représentai

si bien sa figure céleste et jusqu'au moindre mouvement de sa physionomie, que j'éprouvais presqu'autant d'émotion et de crainte qu'on ne vînt m'interrompre, que si j'eusse été tête à tête avec elle. Mais enfin, quand j'eus épuisé ce délicieux souvenir, je ne trouvai plus au fond de mon ame qu'un abattement et des remords que je m'efforçais en vain d'étouffer. Hélas! ces remords ne pouvaient ni me guérir, ni m'éclairer; ce n'était pas la vertu qui me les inspirait; tout ce qui était étranger à mon amour, avait perdu le droit de m'affecter vivement: cette inconcevable passion, en remplissant mon ame toute entière, semblait en avoir effacé tout autre sentiment; je ne voyais plus dans la gloire qu'un moyen de me rendre digne de Célanire. J'aimais encore la vertu, parce que l'idée de la perfection était pour moi inséparablement unie à celle de Célanire; je pouvais encore être généreux, car son bonheur m'était infiniment plus cher que le mien, enfin, je n'éprouvais rien que par elle, ou relativement à elle. Aussi, en me rappelant la résolution que j'avais prise de lui cacher à jamais mes sentimens, je ne me repentis de ma faiblesse que par

. la crainte d'avoir détruit sa tranquillité, peut-être sans retour. Cette idée me rendait à mes propres yeux le plus coupable de tous les hommes. Eh quoi ! m'écriai-je, nul espoir ne m'est permis ; je sais qu'il est impossible que je puisse jamais obtenir sa main ; sa sensibilité ne pourrait qu'augmenter mes maux, et-cependant j'ai parlé ; le premier mot qu'elle ait entendu sortir de ma bouche, était l'aveu d'un amour qu'elle ne peut partager qu'en manquant à tous ses devoirs, et en s'exposant aux plus cruelles persécutions. Malheureux ! voudrai-je la séduire ?..... cette pensée me fait horreur........ Non , il me suffit d'entrevoir qu'elle pourrait m'aimer ; il me suffit qu'elle connaisse une partie de mes sentimens............je veux qu'elle en ignore à jamais la violence !..... Si elle lisait dans mon ame, combien la sienne serait troublée !........ Oh ! Célanire , je vous épargnerai une pitié déchirante et dangereuse ; n'ayant pu vous dérober mon secret, du moins vous ne le connaîtrez jamais tout entier........... je ferai plus, j'aurai le courage de m'éloigner de vous ! la sensibilité que vous m'avez montrée m'en impose la loi !........

pour votre repos je vous fuirai, et demain vous recevrez mes adieux. Cette dernière résolution, en me raccommodant avec moi-même, remit un peu de calme dans mon ame ; je trouvais même une sorte de douceur à me représenter l'effet que produirait sur Célanire un si douloureux sacrifice : je me flattais qu'il m'obtiendrait son estime ; et uniquement occupé de cette idée, je ne pensais que vaguement aux peines que me causerait son absence. Les grandes passions n'aveuglent pas, comme on le dit, mais elles fixent entièrement l'imagination sur le moment présent : l'esprit s'attache à la pensée qui le flatte, et devient incapable de s'appliquer à toute autre ; et c'est ainsi que loin d'être épouvanté du projet de quitter Célanire, je ne pensais qu'au bonheur de lui paraître généreux, et d'obtenir son estime. Le lendemain, en attendant l'heure où l'on s'assemblait chez la princesse Emma, je retournai dans le bois de sapins. Arrivé dans la partie la plus sombre, j'apperçus de loin, au pied d'un cyprès, une femme assise et seule ; malgré la distance et l'obscurité, je ne pus la méconnaître : c'était en effet Célanire. Je me précipitai vers elle ; alors

elle fit un mouvement pour se lever,
et elle retomba sur le gazon. Cette espèce de chute me fit tressaillir ; mais
mon trouble fut à son comble, lorsque
je pus discerner l'extrême paleur de son
visage. Je perdis tout-à-fait la tête ; et
ne pouvant exprimer ce que produisaient
en moi, et cette rencontre inopinée, et
l'état où je la voyais, je me jetai à ses
pieds. Elle ne témoigna nulle surprise,
me regarda tristement, et me fit signe
de m'asseoir à côté d'elle. J'obéis sans
proférer une parole ; et après un long
silence : Olivier, me dit-elle, votre vue
m'a causé beaucoup d'étonnement.......
et vous-même vous en avez sans doute
de me trouver seule ici........ Je me
promenais avec la princesse Emma ; on
est venu la chercher de la part de l'Empereur ; elle m'a quittée, en me priant
de l'attendre au pied de cet arbre ; elle
reviendra sûrement dans une heure au
plus tard. Je ne répondis rien à cette explication : non-seulement il m'était impossible de parler, mais j'avais à peine
la faculté de penser ; je ne pouvais que
regarder Célanire, soupirer et sentir le
bonheur d'être, loin de tous les yeux,
assis à côté d'elle. Remise de son trouble,
elle avait repris sa carnation naturelle ;

la mélancolie répandue sur tous ses traits, augmentait encore la douceur enchanteresse de sa physionomie. Dans le mouvement que j'avais fait en tombant à ses genoux, mon écharpe s'était détachée et se trouvait à ses pieds ; elle s'en apperçut la première, et la ramassant avec empressement: Voilà votre écharpe, me dit-elle ; cette écharpe que j'ai brodée......... et que je ne regarde jamais sans attendrissement, en songeant par qui et pourquoi elle vous fut donnée. En achevant ces mots, elle étendit vers moi la main qui tenait mon écharpe; je saisis avec transport et la main et l'écharpe; et les appuyant contre mon cœur palpitant, je levai au ciel des yeux baignés de larmes, et je restai ainsi quelques minutes dans un ravissement dont rien ne peut donner l'idée. Enfin Célanire retira doucement sa main; et d'une voix faible et tremblante, dont le son touchant retentit encore à mon oreille, elle prononça ces paroles : Et moi aussi, Olivier, je vous aime, mais......... Qu'entends-je ? m'écriai-je, ô Célanire ! est-il possible ?...... Eh ! quoi donc, dit elle, ne le saviez-vous pas ?...... Pour toute réponse, je me prosternai à ses pieds..... Ah !

pourquoi

pourquoi cet instant d'un immortel souvenir ne fut-il pas le dernier de ma vie ! j'eusse expiré dans le sein du bonheur le plus pur, et j'étais digne alors d'exciter les regrets de l'amour et ceux de l'amitié........ Les momens nous sont chers, reprit Célanire ; écoutez-moi, Olivier. Je vous aime ! cependant un obstacle invincible nous sépare...... Avant de vous connaître, j'ai pris un autre engagement ; Albion a reçu ma parole !.... Croyez que si je pouvais encore disposer de moi-même, ni le respect et l'affection que j'ai pour mon père, ni l'autorité de l'Empereur ne pourraient m'arracher un consentement qui m'empêcherait d'être à vous ; mais j'ai promis ; mon sort est fixé........ Si nous n'avons pu surmonter un penchant involontaire, si nous ne pouvons le vaincre, n'hésitons pas du moins à le sacrifier..... *Vaincre* le sentiment que j'ai pour vous ! interrompis-je ; ah ! Célanire, je ne formerai jamais ce projet insensé ; mais disposez de moi.....— Olivier, il faut vous éloigner.....— Hélas ! j'en avais le dessein........ Hier, dans ce lieu même, je me promis de m'arracher d'auprès de vous ; je devais, ce soir, vous faire mes adieux.

A ces mots, Célanire attendrie, jeta sur moi le plus tendre regard, et poussant un profond soupir : Ce dessein généreux, dit-elle, il faut l'exécuter sans délai. Ce mot me suffit, répondis-je ; fixez vous-même le jour : fût-ce demain, j'obéirai sans murmure ; mais souffrez que je vous exprime un dernier desir..... Avant de vous quitter, ne puis-je me flatter de vous revoir encore une fois sans témoins ? dois-je renoncer au seul espoir qui me soit permis, celui de ne me séparer de vous qu'après vous avoir fait connaître ce cœur infortuné, qui peut-être est digne de s'épancher dans le vôtre ?..... Ici, je m'arrêtai : j'étais si ému, qu'il m'aurait été impossible d'articuler un mot de plus. J'attendais, en tremblant, une réponse ; et Célanire, après un instant de réflexion, reprenant la parole : Eh bien ! dit-elle, j'y consens ; demain au soir, je vous verrai comme vous le desirez, comme je le desirais moi-même ; mais je ne puis faire une telle démarche qu'avec la certitude que l'adieu, que je recevrai de vous, sera un éternel adieu. Me promettez - vous, Olivier, de partir en me quittant, et de partir avec l'inébranlable résolution de ne me revoir jamais ? Oui, je le promets, répondis - je, en versant un torrent de larmes ; oui, je jure par tout ce que les hommes ont de plus sacré ; je jure par mon amour, d'abandonner la France en vous quittant, de fuir à jamais les lieux que vous habiterez.... Comme j'achevais ces paroles, nous entendîmes du bruit : Eloignez - vous promptement, me dit Célanire, revenez dans deux heures chez la princesse, je vous y dirai comment je vous recevrai demain. A ces mots je mis un genou en terre devant elle, et me relevant aussi-tôt, je la quittai précipitamment. Je sortis du bois, et j'errai dans les jardins jusqu'à l'heure où je me rendis chez Emma. Lorsque je parus, je fus frappé du mouvement extraordinaire que je remarquai dans la chambre ; tous les yeux se fixèrent sur moi ; on se parlait à l'oreille en me regardant, et j'entendis plusieurs personnes prononcer à demi-voix les noms d'*Eginard* et d'*Armoflède*. Mon embarras était égal à ma surprise : vainement je cherchais des yeux Célanire, elle était enfermée avec la princesse dans un cabinet voisin. Enfin j'apperçus An-GILBERT et LANCELOT (2) : je m'avançai vers eux, et je les priai de m'instruire de ce qui venait d'arriver. Les secrets des princes, me répondit Lancelot en souriant, sont bientôt découverts ; la vanité des confidens ne leur permet guère d'être discrets : on sait déjà tout ce qui s'est passé entre l'Empereur et la princesse. Eginard et Armoflède étaient ici quand cette nouvelle s'est répandue ; le premier n'a pu cacher son trouble et son désespoir, il est sorti brusquement, baigné de pleurs, et c'est ainsi qu'il a trahi une passion que personne ne soupçonnait. Pour Armoflède, elle s'est évanouie ; on venait de l'emporter quand vous êtes entré. A présent, ajouta Lancelot, permettez que je sois le premier à vous féliciter d'un évènement si heureux pour vous, puisqu'il doit remplir tous les vœux de l'ambition et de l'amour. Pendant ce discours, je respirais à peine ; je ne doutais point que la princesse, qui témoignait tant d'amitié à Célanire, et qui me montrait tant de bonté et d'intérêt, n'eût pénétré mes sentimens et obtenu le consentement de l'Empereur. Mais Vitikind céderait-il au desir de Charlemagne ? Célanire elle-même, romprait-elle un engagement qui lui paraissait si sacré ? Ces réflexions troublaient cruellement ma joie ; cependant la protection de l'Empereur applanissait tant de difficultés, qu'il m'était impossible de ne pas livrer mon ame toute entière aux plus séduisantes espérances. Agité de ces diverses pensées, j'étais resté de bout à côté de Lancelot, et enseveli dans une profonde rêverie; je ne voyais et n'entendais plus rien de ce qui se passait autour de moi, lorsque tout à-coup une porte s'ouvrit, et la princesse parut : elle était seule, et après avoir fait quelques pas, ses yeux tombèrent sur moi ; je crus voir dans ce regard tant de douceur et d'obligeance, et en même temps sa physionomie exprimait une si vive satisfaction, que je fus entièrement confirmé dans mes conjectures : elle s'approcha de deux personnes qu'elle tira à l'écart, et avec lesquelles elle s'entretint tout bas , pendant plus d'un demi - quart d'heure. Comme je suivais attentivement tous ses mouvemens , je vis clairement qu'elle faisait plusieurs questions , et qu'on lui parlait d'Eginard et d'Arnoflède ; elle souriait malignement, et ses yeux se tournaient souvent de mon côté. Après cette conversation, elle s'avança au milieu du cercle nombreux qui remplissait son appartement ; elle dit avec distraction deux ou trois choses indifférentes, ensuite elle m'appela et me conduisit dans l'embrasure d'une fenêtre. Eh bien, Olivier, me dit-elle, il vient de se passer d'étranges scènes ? ce pauvre Eginard, j'ignorais absolument sa folie.... je le plains, car je crois ses larmes plus sincères que l'évanouissement d'Armoflède. Mais, poursuivit-elle, en me regardant fixement, que pensez-vous de tout ceci? Ah! madame, répondis-je, il m'est absolument impossible de *penser* ; je n'ai pas une idée distincte : oserais-je espérer que vous daignerez m'expliquer un mystère qui me paraît incompréhensible? Rien n'est plus juste, reprit Emma, mais ce sera Célanire qui vous donnera cette explication : elle vous attend dans mon cabinet ; allez la trouver, et après cet entretien ne rentrez point ici, trop de témoins nous environneraient ; revenez demain au soir, vous ne trouverez chez moi que Célanire : je veux seulement, dans ce moment, que vous appreniez de ma bouche que vous avez le droit de tout espérer ; Célanire vous dira le reste. En achevant ces mots, elle me quitta précipitamment ; la surprise, le saisissement et la joie me rendirent immobile pendant quelques instans. Enfin je sortis, et je volai vers le cabinet qui m'était indiqué. Quand je fus près de la porte, je m'arrêtai : O Dieu ! m'écriai-je, quand j'aurai franchi cette porte, je connaîtrai mon sort ; et si je m'abusais ! .... si cet espoir dont je m'enivre n'était fondé que sur une erreur ! .... cette idée me fit frémir : cependant, ne pouvant supporter une telle incertitude, j'ouvris la porte fatale, et j'entrai dans le cabinet. En jetant les yeux sur Célanire, je fus frappé de l'air de tristesse et d'abattement répandu sur toute sa personne ; je m'approchai d'elle en tremblant, et je n'osais la questionner. Après m'avoir regardé un moment en silence : Etes-vous instruit? me demanda-t-elle. Je ne sais rien, répondis-je, mais l'on m'a dit que j'avais *le droit de tout espérer*, et vos yeux, hélas ! démentent ce langage ! Eh ! quoi donc ! Emma m'aurait-elle trompé ! Non, reprit Célanire, mais vous avez mal compris ses discours : elle vous aime, Olivier, et l'Empereur approuve ses sentimens. A ces mots, qui détruisaient sans retour toutes mes espérances, je ne pus retenir mes larmes ; je vis couler celles de Célanire, qui au bout de quelques minutes, reprénant la parole : Comme vous, dit-elle, j'ignorais cette passion , qui n'était un secret que pour nous : presque tous les courtisans l'avaient pénétrée. L'un d'eux, jaloux de voir votre faveur s'augmenter chaque jour, et croyant vous perdre en éclairant l'Empereur sur le penchant de la princesse, lui apprit qu'elle vous aimait : aussitôt Charlemagne voulut interroger sa fille , et c'est aujourd'hui même que, dans un long entretien , la princesse a tout avoué à son père. Il n'a montré ni surprise , ni mécontentement, mais il a demandé si vous n'aviez pas un ancien attachement pour Armotlède. La princesse a protesté qu'elle était sûre que vous n'aviez pris aucun engagement ; et abusée par son cœur et par vos assiduités, elle a ajouté qu'elle était certaine d'être aimée de vous, quoique vous n'eussiez jamais eu la témérité de le lui dire. Alors l'Empereur lui a déclaré qu'il vous devait une récompense, et que la main de la princesse serait le prix de vos services et des sacrifices qu'il a exigés de vous. O prodige d'orgueil ! m'écriai-je ; il croit me dédommager de la perte de Célanire en me donnant Emmi, parce qu'elle est sa fille !.... Je sais , interrompit

Célanire, qu'il ne vous est pas possible
d'accepter sa main, puisque vous ne
pouvez lui donner votre cœur, mais
en la refusant, vous vous perdez. Eh !
qu'ai-je à craindre encore, répondis-je,
quand vous êtes perdue pour moi ! A
ces mots Célanire leva les yeux au
ciel, en soupirant, et nous fûmes quelques instans sans parler ; ensuite elle
me dit qu'Emma, qui s'était décidée à
lui faire cette confidence en revenant
de chez son père, avait ajouté que
l'Empereur m'enverrait chercher le lendemain matin, pour m'annoncer lui-
même sa décision et ses volontés. Je
convins avec Célanire qu'en me quittant, elle dirait à la princesse, ce soir
même, que j'avais montré le plus grand
étonnement en écoutant tout ce qu'elle
était chargée de m'apprendre, et que
j'avais seulement répondu que je me
rendais aux ordres de l'Empereur ; et
après avoir instruit Célanire de ce que
je dirais à Charlemagne : Songez, poursuivis-je, qu'après-demain je quitte la
France, et que je m'arrache d'auprès de
vous pour toujours….. Cet entretien,
où je n'ai pu ni vous ouvrir mon ame,
ni vous parler de mes sentimens, sera-
t-il le dernier ? est-ce ainsi que vous

m'aviez promis de recevoir mes adieux ? des adieux éternels !...... Je tiendrai ma promesse, répondit Célanire, j'irai demain à la maison de campagne de mon père ; vous la connaissez ; j'y serai seule : trouvez-vous à dix heures du soir à la petite porte du jardin, qui donne dans l'allée des saules ; il m'est doux, poursuivit-elle, avant de me séparer de vous pour jamais, de vous donner cette preuve de mon estime, c'est l'unique témoignage que vous en recevrez : mais du moins il doit vous prouver une confiance sans bornes. En achevant ces paroles, elle se leva pour aller rejoindre la princesse ; je l'arrêtai pour lui dire tout ce que la reconnaisance peut inspirer de plus passionné, et ensuite nous nous séparâmes. Il était déjà nuit, je retournai sur-le-champ dans le bois de sapins : en y entrant, j'éprouvai une sensation délicieuse ; Célanire avait parcouru ce même lieu quelques heures auparavant ; je suivais la trace de ses pas : j'arrivai bientôt dans le bosquet où nous nous étions entretenus ; l'obscurité y était profonde, je cherc ai en tâtonnant le cyprès auprès duquel j'avais trouvé Célanire ; le siége de ga-

zon me le fit reconnaître, je m'assis à
la place qu'elle avait occupée : avec
quel transport j'embrassai cet arbre contre lequel elle était appuyée , lorsque
pendant quelques minutes je pressai sa
main tremblante contre mon cœur !
avec quel délice je me retrouvai dans le
lieu où mon oreille avait été frappée
du son enchanteur de ces paroles : *Et
moi aussi, Olivier, je vous aime* ;
aveu plein de charmes et de candeur,
qu'avant ce jour aucun amant peut-
être n'entendit prononcer dans cette
cour fastueuse, où la corruption des
mœurs force à déguiser tous les sentimens. Inconcevable pouvoir de l'a-
mour ! je devais, dans quelques heures,
quitter pour jamais un objet adoré, et
cependant je me trouvais heureux ! Ah!
je l'étais sans doute ! elle existait, elle
m'aimait, j'étais digne alors de sa tendresse ; le repentir amer, le dévorant
remords ne flétrissaient point mon ame ;
j'étais certain qu'un cœur semblable au
mien, conserverait éternellement mon
souvenir ; j'étais certain de n'aimer
qu'elle jusqu'au dernier instant de mon
existence ; je voyais ma vie entière ani-
mée par le plus grand intérêt ; il fallait
justifier le choix secret de Célanire ;

cette idée me faisait jouir de mon malheur même, puisque mon départ me
valait toute son estime. D'ailleurs, je
ne pouvais sentir encore toute l'amertume d'une telle séparation ; mon esprit
et mon cœur étaient trop fortement
préoccupés de l'idée du tête-à-tête qui
m'était promis ; j'aurais acheté du reste
de ma vie cette félicité de quelques
heures, que j'étais si loin d'espérer le
matin de ce jour même : tout l'avenir
pour moi semblait être borné au lendemain ; je n'y voyais distinctement
que ce rendez-vous si passionnément
souhaité ; mon imagination s'arrêtait-là,
et je me fixais à cette pensée dominante, comme à l'objet de tous mes
desirs, et au seul but de mes projets et
de toutes mes espérances. Je passai la
nuit entière profondément enseveli dans
cette attachante rêverie : aux premiers
rayons du jour, j'éprouvai un sentiment
d'une douceur inexprimable , lorsqu'il
me fut possible de distinguer les objets
qui m'entouraient, cette salle de verdure, ce cyprès, ce siége de gazon,
et mon écharpe ! cette écharpe brodée
par elle, et devenue un don de sa
main !.... Il fallut à la fin m'arracher
de ce lieu plein de charmes ; je retour-

nai au palais attendre le réveil de l'Em-
reur, et au bout d'une heure, on vint
me chercher de sa part. Il était seul, et
aussi-tôt qu'il m'apperçut : Olivier, me
dit-il, je vous ai promis une récompense ; et sans préambule et sans détour, je vais vous l'offrir. Est il vrai
que vous aimiez ma fille ? Moi, seigneur, répondis-je, comment aurais-je
eu la témérité..... Parlons sans déguisement, interrompit l'Empereur ; ce n'est
point un piége que je vous tends : vous
connaissez ma franchise...... Vous
m'êtes cher, Olivier, poursuivit-il, et
plus que vous ne pensez : je vous ai
vu à l'armée, je vous ai vu à la cour,
et dans ces différentes situations votre
conduite vous a valu toute mon estime ;
il me sera doux, en faisant le bonheur
de ma fille, de récompens r le mérite
d'une manière éclatante ; c'est le plus
noble emploi de la suprême puissance,
et c'est justifier le hasard qui me l'a
donnée. D'ailleurs, cette alliance qui
vous élève, ne peut abaisser ma fille,
et j'ai l'orgueil de croire qu'à tous les
yeux, un simple Chevalier choisi par
Charlemagne, vaudra bien un prince
qu'il n'aurait pu connaître : ainsi donc,
oubliez que c'est votre souverain qui

vous interroge, et répondez à votre ami. Je te l'avoue, Isambard, j'étais venu avec l'intention de braver l'Empereur, il m'avait défendu d'aspirer à Célanire; et refuser sa fille avec toute la sécheresse que le respect pouvait permettre, me paraissait une sorte de vengeance dont l'idée flattait mon dépit et ma douleur : mais quand j'entendis ce grand homme me parler avec tant de bonté, quand je vis sur son visage auguste l'expression la plus touchante de la bienveillance et de l'amitié, je me sentis profondément ému, et l'attendrissement et la confusion succédèrent à la colère. Cependant il fallait répondre; et faisant un effort sur moi-même: Ah ! Seigneur, lui dis-je, quel serait mon bonheur, si je pouvais profiter d'un excès de bonté qui n'eut jamais d'exemple ! mais je ne suis pas né pour tant de gloire et de félicité..... Comment, interrompit Charlemagne, vous refusez ma fille? Le ton impérieux et l'air menaçant avec lesquels ces paroles furent prononcées, loin d'achever de m'intimider, me rendirent une partie de mon courage. Seigneur, repris-je, vous daignez me donner la plus glorieuse marque d'estime qu'un sujet puisse recevoir de son souverain, et je ne puis la justifier qu'en vous déclarant sans détour que je serais parjure et vil, si j'osais accepter cette faveur éclatante. Mon cœur n'est plus à moi; un engagement sacré........ C'en est assez, s'écria l'Empereur d'une voix tonnante; sortez. Je ne me fis pas répéter cet ordre, je m'inclinai profondément, et je m'avançai vers la porte : il me rappela aussi-tôt, et me regardant avec des yeux étincelans : Etes-vous marié? me demanda-t-il. Non, Seigneur, répondis je. Cette réponse parut le surprendre et l'adoucir un peu. Il rêva un moment, et reprenant la parole: Songez-vous, Olivier, dit-il, à la criminelle imprudence de votre conduite ? Vos assiduités ont dû persuader à la princesse que vous l'aimiez, et toute la cour le pensait. Non, Seigneur, repris-je ; toute la cour pensait que j'aimais Armoflède, et personne n'a pu imaginer que j'eusse l'insolente témérité d'élever mes vœux jusqu'à la princesse. Je veux croire, dit l'Empereur, que je dois sur-tout attribuer ce mal-entendu à l'imprudence naturelle d'Emma ; mais enfin, Olivier, vous êtes libre encore, elle vous aime, ce sentiment a éclaté, et je n'imagine pas qu'avec un instant de réflexion, vous puissiez balancer entre Arnofléde et ma fille. Mais, Seigneur, répondis-je, il ne m'est plus permis de choisir; ma parole est donnée, elle est inviolable. A ces mots je vis sur le visage de l'Empereur une telle altération, que je crus qu'il allait se porter aux plus étranges extrémités. Oui, s'écria-t-il, j'ai le sort commun à tous les princes, celui de ne trouver que des ingrats. Ah! Seigneur, repris-je, c'est l'ambition seule qui fait les ingrats, et si j'étais ambitieux, je vous sacrifierais avec transport mes premiers engagemens. Mais souffrez que je le dise, je vous aime pour vous-même, la pompe qui vous environne ne m'en impose pas; votre gloire même ne pourrait m'éblouir, si elle n'était pas unie à cette grandeur d'ame, à cette magnanimité qui vous ont gagné jusqu'à vos ennemis mêmes. Vous le savez, Seigneur, vos bienfaits m'ont toujours prévenu, je n'ai jamais sollicité de graces, je n'en desirais point; servir sous vos ordres, vivre sous vos yeux, suffisait à mon bonheur : jugez donc de la douleur que je dois éprouver dans cet instant où l'honneur, en exigeant

de moi le plus grand de tous les sacrifices, m'ordonne de vous résister ! Pendant ce discours, l'Empereur se pro-
menait à grands pas : quand j'eus cessé
de parler, il garda un moment le silence ; ensuite se rapprochant de moi :
Non, dit-il, je ne serai point un tyran..... Olivier ! soyez toujours fidèle à l'honneur, il fut le guide jusqu'ici de toutes les actions de ma vie ;
je ne vous punirai point de suivre ce
qu'il vous commande : ne craignez ni
l'exil, ni ma disgrace. Heureux le monarque qu'on estime assez pour lui résister sans crainte ! Vous ne pouvez accepter la récompense que je vous of-
frais ; je reste chargé de ma dette, et je
tâcherai de l'acquitter : en attendant
vous êtes libre d'épouser celle que vous
aimez ; j'exige seulement que ce soit
en secret, et que vous ne déclariez
votre mariage que dans un an. Je vous
demande encore de vous éloigner de
la cour dans ce moment, et de faire
un voyage de quelques mois : au bout
de ce temps, revenez avec la confiance que vous devez à mon caractère.
A ces mots, je tombai aux pieds de
l'Empereur : je ne trouvais point d'expression qui pût rendre la reconnais-

sance et l'admiration que tant de bontés m'inspiraient. Ce grand homme connut aisément tout ce qui se passait dans mon cœur, il en parut vivement touché ; et dans le reste de cet entretien, qui fut assez long, il me montra plus de bienveillance que jamais. Cette conversation mit le comble à mon attachement pour lui ; d'ailleurs les choses qu'il m'avait prescrites s'accordaient parfaitement avec mes projets, et son erreur sur mes sentimens pour Armofiède, me donnait l'heureuse certitude que mon secret le plus cher et le plus important serait à jamais ignoré. Mais je ne m'arrêtai pas long-temps à ces réflexions ; j'oubliai bientôt et l'Empereur et l'univers entier, pour ne m'occuper que d'une espérance qui effaçait toute autre idée de ma mémoire.

C'était le soir de ce jour même, que Célanire devait recevoir mes adieux ; je devais, dans quelques heures, me trouver seul avec elle. Décidée à m'accorder cet unique rendez-vous, elle n'avait pas imaginé que le choix du lieu et de l'heure pût être de quelque importance : son innocence allait me donner tous les droits de l'amour heu-

reux : elle allait m'introduire chez elle
quatre heures après la fin du jour, je
passerais tête-à tête avec elle une partie
de la nuit ! Mais à quoi devais-je ces
marques d'une confiance sans réserve ?
à la tendresse la plus pure, fondée sur
la plus parfaite estime. Une telle idée
pouvait seule rendre ma passion digne
de son objet. Cependant ce moment
attendu avec la fièvre brûlante de l'impatience d'un amant ; ce moment, où
je devais me rendre chez Célanire, arriva enfin : je partis à sept heures du
soir. Nous étions vers le milieu de
l'automne, il faisait déjà nuit. Je pris
un chemin détourné, et à l'entrée de
la forêt, je mis pied à terre ; je laissai
mes chevaux dans un village, en
donnant ordre à mon écuyer de m'y
attendre. Il fallait traverser une petite
partie de la forêt, et l'obscurité y était
telle, que je craignis plus d'une fois
de m'y égarer : mais bientôt j'entendis
dans le lointain le bruit des écluses de
la rivière ; ce bruit qui m'annonçait
que j'étais près de la maison, me causa
une joie inexprimable. Je hâtai ma
course, et au bout de quelques minutes, quittant la forêt et sortant des
ténèbres, j'apperçus, à la douce lueur

du plus brillant clair de lune, et le pont, et l'allée de saules, et la maison. Il était neuf heures : je m'élançai sur le pont, et le traversant, ainsi que l'allée de saules, avec la rapidité d'un éclair, je me trouvai enfin au terme de ma course, à la petite porte du jardin. Il fallait encore attendre une heure ; cependant plus de la moitié de ce temps s'écoula pour moi d'une manière délicieuse ! j'étais si heureux de me sentir appuyé contre cette porte, de penser que bientôt elle me serait ouverte ! la joie si pure dont j'étais pénétré, me causait un attendrissement qui suspendait en moi tout sentiment violent et tumultueux ; j'éprouvais un calme enchanteur. Mais à cet état si doux, succéda rapidement la plus vive agitation, quand j'imaginai que l'instant désigné pour le rendez-vous s'approchait ; alors l'oreille collée contre la porte, j'écoutais avec une telle attention, que j'osais à peine respirer ; le moindre bruit, la chute d'une feuille, me faisait tressaillir ; je croyais toujours entendre marcher ; et après deux ou trois méprises de ce genre, je commençai à me livrer aux plus cruelles inquiétudes. Je prenais mes craintes mortelles pour

des pressentimens ; chaque minute augmentait cette affreuse anxiété, lorsque
tout-à-coup j'entendis de loin , mais
distinctement, le pas léger d'une personne qui marchait très-vite, en côtoyant
le mur. Ma joie fut aussi impétueuse
que si la cause en eût été imprévue !
ce ravissement et cette surprise jetèrent
un tel désordre dans mes sens , qu'il se
fit subitement en moi la plus étrange
révolution. Cette passion si pure, qui
m'avoit animé jusqu'alors, ne me parut
plus dans ce moment qu'une folie romanesque ; l'amour, avec toute son audace
et ses bouillans emportemens, vint remplir mon ame toute entière ; mon imagination égarée me livra sans réserve à
des espérances dont, jusqu'à cet instant, la seule idée m'eût semblé un
crime ; et me flattant de tout obtenir ,
je me décidai à tout oser. Enfin la porte
s'entr'ouvre avec lenteur ; je la pousse
doucement, je me glisse dans le jardin,
et je me trouve en face de Célanire.
Le lieu où nous étions n'était ombragé
d'aucun arbre , tous les rayons de la
lune paraissaient se réunir sur la figure
de Célanire ; cette clarté douce et mys-
térieuse, semblait faite pour éclairer sa
beauté céleste et touchante : je ne la

vis jamais si belle. Son maintien modeste et noble, loin d'exprimer le moindre embarras, annonçait, au contraire, une sérénité qui me frappa, et m'en imposa tellement, que je restai immobile, les yeux fixés sur elle, sans pouvoir proférer une parole. Elle ferma la porte; ensuite s'appuyant sur mon bras : Venez, dit-elle, je vais vous conduire ; et elle prit le chemin d'une allée couverte, qui était à cent pas de nous. J'étais éperdu, transporté ; mille idées différentes et contraires s'offraient à mon imagination, et excitaient en moi les plus violens combats ; cependant, sentant combien mon silence était ridicule, je prononçai au hasard quelques mots entre-coupés, qu'elle n'entendit pas. Elle me regarda, et avec un air et un ton d'une ingénuité ravissante : Vous tremblez, me dit-elle. En effet, ce bras tremblant qu'elle tenait, et qui n'osait presser le sien, décelait assez l'inconcevable agitation que j'éprouvais. Je lis dans votre ame, continua-t-elle ; cette ame, délicate autant qu'elle est sensible, se reproche en secret d'avoir exigé de moi une démarche que vous trouvez imprudente ; mais rassurez-vous : j'ai pris toutes les précautions nécessaires pour

que ce rendez-vous soit à jamais ignoré.
Comme elle achevait ces paroles, nous
entrâmes dans une longue allée de marroniers, qui formaient un ombrage si
touffu, qu'aucun objet n'y pouvait être
distingué. Je tressaillis, en me trouvant
seul avec elle dans cette obscurité
profonde ; je me sentis moins contraint,
en cessant de voir cette angélique figure, que l'ascendant suprême de la
vertu rendait si imposante ; ces yeux touchans, dont le regard plein d'expression
et d'innocence, en pénétrant jusqu'au
fond de mon cœur, en y portant tous
les sentimens, y réprimant tous les
desirs..... Je ne sais quel effet pro-
duisirent sur elle ces épaisses ténèbres
qui nous environnaient ; mais elle cessa
de parler, et précipita sa marche. Le
trouble que je lui supposai m'enhardit
encore ; cependant il me fallut faire sur
moi - même un effort prodigieux pour
oser tout-à-coup saisir le bras qu'elle
avait passé sous le mien, en lui disant
d'une voix étouffée : Ah ! Célanire,
arrêtons-nous ici. Non, répondit-elle
aussi-tôt ; non, Olivier ! je veux vous
écouter et vous parler à la face du
ciel. Le ton ferme dont elle prononça
ces paroles, et le son de cette voix si

chère, me rendirent à moi - même. Je frémis, en pensant que peut-être, malgré son innocence, je venais de lui causer un mouvement d'effroi, et qu'elle pouvait être irritée ; cette idée effaça toutes les autres de mon imagination ; la confusion et l'inquiétude douloureuse qu'elle m'inspira, me firent sentir que rien ne pourrait vaincre en moi la crainte affreuse de lui déplaire et de l'offenser. Je ne songeai plus qu'à la dissuader des soupçons vagues qu'elle avait pu concevoir.

Nous étions au bout de l'allée ; aussitôt que Célanire apperçut la clarté de la lune, elle ralentit un peu son pas, et tournant doucement la tête de mon côté, elle me regarda avec une sorte de timidité que je ne lui avais jamais vue. J'avais composé mon visage de manière qu'elle n'y remarqua aucune trace d'embarras. J'espère, dis-je, que nous allons enfin nous arrêter ; il est impossible de s'entretenir en marchant aussi vîte, et mon cœur est si plein, il a tant de choses à vous dire !.... Ce peu de mots fit tout l'effet que je pouvais desirer ; Célanire, délivrée d'un doute inquiétant et pénible, reprit sa douce sécurité ; elle me sut si bon gré de la lui rendre,
qu'elle

qu'elle en devint mille fois plus tendre. Dans l'espèce d'inquiétude qu'elle avait ressentie, elle s'était machinalement éloignée de moi, de telle sorte qu'il se trouvait une assez grande distance entre nous, et que sa main seule était engagée sous mon bras; mais tout-à coup elle se rapprocha, je la sentis s'appuyer sur mon épaule, et une boucle de ses beaux cheveux vint flotter sur mon visage. En me rendant sa confiance, elle fit passer dans mon ame tous les sentimens de la sienne; ce n'était plus des transports impétueux que j'éprouvais, c'était un attendrissement profond, et pur comme son objet; mes larmes coulaient doucement; je sentais que sa beauté ravissante, ses graces et les charmes de son esprit, n'eussent jamais produit en moi cette passion insurmontable, sans sa vertu, sa candeur, son innocence; et je jouissais avec délices du bonheur de me retrouver digne d'elle. Nous nous arrêtâmes sur le bord d'un canal qui séparait le jardin d'une vaste prairie. Célanire me conduisit vers un banc entouré d'orangers, et elle me fit asseoir à côte d'elle. L'air était embaumé du parfum des fleurs qui nous environnaient; la lune, en se répétant dans l'immense pièce d'eau qui coulait à nos pieds, formait une double clarté aussi vive et plus pure que celle du jour naissant, et qui réfléchissait un tel éclat sur les vête-mens blancs et sur toute la personne de Célanire, qu'il semblait que cette lumière si douce vînt de cette figure brillante et divine. A peine étions-nous assis, que se tournant vers moi : Olivier, me dit-elle, cet entretien est le dernier que nous aurons ensemble ; dans quelques heures, nous allons nous séparer pour jamais ! Combien est pré-cieux cet espace de temps si court qui nous reste !..... J'ignore si la démarche que je fais pour vous, blesse les mœurs de votre pays ; j'ignore si vos lois m'autoriseraient à recevoir votre foi, quand j'ai promis ma main. Je n'ai consulté que mon cœur ; il m'a dit qu'un premier serment est sacré ; il m'a dit que je ne pouvais me donner à vous sans cesser d'être digne de vous ; il m'a dit même que j'aurais dû vous éviter, vous fuir aussi-tôt que j'ai connu mes sentimens pour vous : je n'en ai pas eu la force..... Voilà le tort que je me reproche ; voilà ce qui me semble une faiblesse condamnable, et

non de vous recevoir ici. Après avoir
laissé naître votre amour, après avoir
montré le mien, en exigeant le sacrifice qui nous sépare sans retour, je
vous devais des consolations et des
conseils, et je devais vous entendre.
O Célanire ! m'écriai-je, s'il existe
pour moi des consolations, vous seule,
en effet, pouvez me les offrir ; l'ambition, l'amour de la gloire, tous les
brillans prestiges qui séduisent les
hommes, ne sont plus à mes yeux
que de vaines chimères ; un cœur qui
s'est donné à vous, ne peut être qu'à
vous seule ; malgré votre volonté qui
m'exile, rien ne peut rompre le nœud
sacré qui m'unit à vous. Hélas ! vous
avez le courage de séparer votre sort
du mien ; un autre en deviendra l'ar-
bitre ! Je ne serai désormais ni le but
de vos actions, ni le motif de vos desseins, ni l'objet de vos espérances ;
je n'aurai nulle influence sur votre
destinée, mais la mienne vous appartient. Ah ! je suis sans doute le moins
à plaindre ! je puis conserver une
chaîne adorée ; je puis vous obéir !
vos conseils vont devenir les seules
lois que je veuille et que je puisse
suivre ! Parlez ! tracez-moi la carrière

que vous voulez que je parcoure ; elle
me deviendra chère , quand votre volonté m'en ouvrira l'entrée ! A ces
mots , Célanire leva les yeux au ciel,
avec l'expression du plus profond attendrissement ; elle fut un moment
sans parler ; ensuite prenant la parole :
Soyez toujours , dit-elle , ce que vous
avez été jusqu'ici , généreux autant
que brave , le défenseur de l'infortuné
et le protecteur d'un ennemi vaincu !
Songez , Olivier , que désormais la
renommée seule entretiendra de vous
la triste Célanire ! que sa voix vous
représente toujours sous les traits chéris
qui m'ont fait aimer le libérateur de
Vitikind , avant même , hélas ! que
son nom me fût connu !..... car , je
vous l'avouerai , poursuivit-elle , quand
mon père , de retour en Saxe , me
conta l'histoire de sa délivrance , tout
mon cœur s'émut en faveur de cet inconnu généreux ; j'aimais à me faire
dépeindre ses traits ; je tâchais de me
former une idée de sa figure. L'admiration et la reconnaissance m'en com-
posèrent une image si touchante , que
si je vous eusse rencontré , Olivier,
j'aurais pu vous reconnaître. Je vous
vis chez Emma pour la première fois ;

mais , depuis long-temps , vous rem-
plissez mon cœur et mon imagination ;
et maintenant que je vous connais ,
maintenant que je suis aimée , il faut
que je renonce à la douceur de m'occuper uniquement d'un si cher souvenir !..... Eh quoi ! Célanire , interrompis-je , vous ferez-vous un devoir
d'oublier le malheureux Olivier ?.......
Vous oublier ! reprit-elle , ah ! si ce
sentiment qui remplit mon ame n'était
pas immortel, comme il est insurmontable , comment pourrai-je justifier à
mes propres yeux la faiblesse qui vous
en fait l'aveu, et la confiance qui vous
admet ici ? Mon Olivier , je vous aimerai jusqu'au tombeau ; ma tendresse
est fondée sur une base inébranlable.
Je crois votre cœur semblable au mien ;
je crois que vous aimez mieux me
perdre que m'avilir : c'est la vertu sur-
tout qui nous unit ; c'est elle qui nous
sépare.... Oui , m'écriai-je , en tombant à ses pieds , il n'est pas plus nécessaire à mon bonheur d'être aimé de
vous , que de vous admirer , que de
vous contempler comme un être unique dans la nature. Non , je ne suis
point né semblable à vous ; non , Célanire , perdez cette illusion : je ne

pense et je n'existe que par vous ; c'en est assez pour vous égaler ; c'en est assez pour tout sacrifier à la vertu, puisqu'elle est votre idole, et que vous êtes la mienne. Mais, au nom du ciel, avant de prononcer sans retour l'arrêt affreux qui doit nous séparer, daignez réfléchir au devoir qui vous le commande ! Oh ! si vous vous exagériez cette obligation cruelle ! si la vertu, loin de vous prescrire d'épouser celui que vous n'aimez point, désapprouvait cette union fatale !...... Eh quoi ! devez-vous donner votre foi, quand votre cœur n'est plus à vous ?..... — Je ne lui promis jamais de l'amour..... — En ne partageant point celui de votre époux, serez-vous sans remords ? — L'ame altière d'Albion ne connaît que l'ambition, et ne peut aimer que les combats et la gloire des armes ; la politique seule formera cet hymen : on n'exigera de moi que de la fidélité ; je ne ferai que des sermens que je pourrai tenir. — Ainsi donc vous sacrifiez votre amant ; vous renoncez à celui qui vous adore, pour un homme qui vous perdrait sans désespoir !..... Mais songez que si je romps cet engagement, je manque à ma parole ; j'attire sur ma

tête le redoutable courroux d'un père
justement irrité , puisqu'il a reçu ma
promesse. Songez , Olivier , qu'Albion
furieux ne respirerait que la vengeance ;
il sera le rival et l'ennemi de Vitikind ,
s'il ne devient pas son fils. Alors il
rallumerait la guerre dans mon pays ;
ses talens et son nom lui formeraient
bientôt un parti puissant ; je deviendrais
la funeste cause de tout le sang qui serait versé. Accablée sous le poids de la
malédiction paternelle , j'aurais à me reprocher un parjure et tous les fléaux qui
désoleraient ma malheureuse patrie....
Ce discours me perça le cœur ; je
croyais n'avoir plus d'espérance, mais
j'en conservais encore , puisque cette
peinture cruelle qui détaillait tous les
obstacles invincibles qui s'opposaient
à notre amour, me causa la douleur la
plus profonde et la plus violente. J'étais
toujours aux genoux de Célanire ; je
me levai avec emportement : Arrêtez,
lui dis-je d'une voix et avec une fureur
concentrée , arrêtez, c'en est assez ; il
faut me sacrifier, vous le devez ; ma vie ,
en effet, ne vaut pas un seul des intérêts
si chers auxquels vous m'immolez....
Adieu, soyez heureuse ! la vertu , la
tendresse filiale, l'amour de la patrie,

tant de sentimens qui partagent votre ame, pourront bientôt la remplir toute entière ! pour moi, je n'ai que mon amour, je n'emporte que cette unique passion ; je ne veux ni la vaincre, ni m'en distraire, et son excès saura bien mettre un terme aux maux affreux qu'elle me prépare ! . . . . . En achevant ces paroles, je m'éloignai brusquement, j'ignore moi-même quel était mon dessein, mais Célanire, qui me vit précipiter mes pas vers le canal, fit un cri perçant en prononçant mon nom ; il y eut dans cette exclamation un accent si plaintif et si douloureux, que toute mon ame en fut ébranlée : je me retournai en tressaillant, et je vis, (ô touchante image, qui ne sortira jamais de ma mémoire !) je vis Célanire se lever, me tendre les bras, et retomber sur le banc ! . . . . Je m'élançai vers elle, je me prosternai à ses pieds, je saisis ses mains tremblantes et glacées, je les arrosai de pleurs ; l'état de saisissement où je la voyais, me pénétrait d'un remords si déchirant, qu'il m'élevait au-dessus de moi-même : je lui promis de vivre, d'aimer la vie, de me soumettre à nos destins ; je lui dis tout ce que l'amour le plus exalté peut ins-

pirer de tendre et de généreux. Je fis
enfin renaître le calme dans cette ame
incomparable : elle se ranima, je sentis
ses mains presser doucement les miennes, et ses larmes tomber sur mon visage ! Non ; tous les transports de l'amour
heureux ne peuvent se comparer au bonheur que je goûtai dans cet instant, à
cette réunion de sentimens passionnés,
profonds et purs ! à ce mélange d'atten-
drissemens, de mélancolie, de joie délicieuse, d'admiration et d'amour ! …
Si jamais je fus digne d'elle, ce fut
dans ce moment où son innocence me
donnait des témoignages de tendresse si
touchans ! … Nous gardions le silence,
je m'enivrais du plaisir de la regarder,
de la voir presque dans mes bras, sans
crainte et sans défiance ; son visage était
penché vers le mien, je respirais sa douce
haleine, je recueillais ses soupirs ; nos
pleurs se mêlaient ensemble ; et par
un enchantement qu'elle seule pouvait
produire, les plus chers desirs de mon
cœur étaient pleinement satisfaits, ou
pour mieux dire je jouissais d'une félicité dont jamais mon imagination n'a-
vait pu me donner l'idée ! Eh ! quel
autre, aimé de Célanire, n'eût pas été
réprimé par le charme inconcevable qui

me subjuguait ! Il est vrai, Célanire se
livrait à moi, je lisais dans ses yeux,
tout l'amour qu'elle m'inspirait ; mais
loin d'y trouver l'émotion qui peut
enhardir, j'y voyais tout le calme du
bonheur le plus pur et la douce sérénité de la vertu ; je la voyais s'applaudir de la réserve et du respect ido-
lâtre de son amant. Pouvais-je concevoir la pensée de m'exposer à perdre
sans retour sa confiance et son estime !
je frémissais à la seule idée de voir ses
beaux yeux, dont le regard était si
doux, changer tout-à coup d'expression et peindre l'effroi, la colère et le
mépris !...... Eh ! quels sacrifices
pouvaient me coûter, quand ils assu-
raient son repos, quand sa tendresse et
sa reconnoissance en étaient le prix !...
Enfin, recouvrant l'usage de la voix :
Objet adoré ! lui dis-je, ô ma Célanire !
Est-il possible qu'un tel sentiment puisse
jamais devenir un crime ? Oh ! pourquoi
me bannir ? à quoi nous servira l'absence ? nous n'avons ni l'espoir, ni le
desir de nous oublier, pourquoi nous
priver de ces entretiens délicieux ?...
J'ai promis de partir, je tiendrai mon
serment, si Célanire l'exige ; mais loin
de toi serai-je plus vertueux ? Ah ! ne

t'en flatte pas! ce triste cœur sera livré aux regrets dévorans et à tous les vains desirs que peuvent inspirer la plus violente des passions et une imagination ardente; mais près de toi je suis calme, parce que je suis heureux; près de toi mon ame se pénètre de tous les mouvemens de la tienne; j'adore l'innocence, parce qu'elle t'environne et t'embellit, et seul avec toi dans la tranquillité profonde de la nuit, le délire de l'amour n'est que l'enthousiasme de la vertu. Non, s'écria Célanire, je ne craindrai jamais ce que j'aime, mais l'épouse d'Albion ne pourrait sans crime renouveler cet entretien si doux... et je ne suis excusable de l'avoir accordé, que par la persuasion où j'étais qu'il serait le dernier.... Eh bien! il le sera, interrompis-je; mais pourquoi m'exiler à jamais? pourquoi me chasser des lieux que vous habitez? Quoi! le jour commencera sans que je puisse avoir l'espérance de vous rencontrer! je le verrai finir sans desirer le lendemain! des mois entiers, des années s'écouleront ainsi!... Nous rencontrer! reprit Célanire; eh! comment alors ne pas trahir le secret de nos cœurs! Non, Olivier, vous n'attendez pas de moi cet effort,

vous savez trop à quel point je suis incapable de feindre!.... mais je veux remettre en vos mains l'intérêt de ma réputation et de ma gloire; ah! j'aime
mieux m'en rapporter à ton amour qu'à
ma prudence.....Oh! c'en est donc fait,
m'écriai-je, en répandant un déluge de
pleurs: dans quelques minutes je vais
vous quitter pour jamais; oui, je vais
partir.... oui, je le dois, et je dois
sur-tout vous donner l'exemple du courage: ah! que le vôtre ne soit point
affaibli par ces larmes que je n'ai pu
retenir; c'est la reconnaissance qui les
fait couler!.... vous daignez vous
confier à ma générosité, vous ne serez
point trompée dans votre attente, et
j'emporte au moins l'idée si consolante
et si chère, que Célanire, au fond de
son cœur, pensera toujours qu'Olivier
n'était pas indigne d'elle! Ici je m'arrêtai, les sanglots me suffoquaient:
Célanire ne me répondit que par de
profonds gémissemens, et bientôt l'excès de sa douleur me fit oublier la
mienne. Oh! combien l'expression de la
douleur était pathétique et déchirante
sur ce visage enchanteur! cette expression donnait à sa beauté un caractère
sublime et si touchant, que j'aurais

voulu pouvoir diminuer sa peine aux dépens même de son amour ! la voir souffrir était pour moi un supplice au-dessus de tout mon courage ! je ne songeai plus que dans peu d'instans j'allais être le plus infortuné des hommes ; je ne voyais plus que son abattement et son désespoir, et dans ce moment j'aurais donné ma vie pour en être moins aimé ! J'essuyai mes larmes, et tâchant de prendre un air plus tranquille : Oh ! calmez-vous, ma Célanire, lui dis-je, calmez-vous, si le bonheur d'Olivier vous est cher ! oui, le bonheur, j'y puis prétendre encore, malgré le sort qui nous arrache l'un à l'autre ! aimé de vous, mon destin n'est-il pas encore plus doux et plus glorieux que celui de l'époux même qui vous est destiné !..... Quel intérêt va jeter sur ma vie entière le desir ardent de justifier le choix secret de votre cœur ! Vous desirez que la renommée vous entretienne de moi ; ah ! n'en doutez pas, elle vous en parlera ; ce seul mot sorti de votre bouche, doit faire un héros de votre amant : mais quand vous apprendrez de lui quelqu'action éclatante et généreuse, dites-vous bien alors : *C'est un hommage qu'il m'a rendu, et le suffrage de*

Célanire est la seule gloire qu'il ambitionne..... Cher et malheureux Olivier, interrompit-elle, et dans quel pays irez-vous? — Dans quel pays! ne le devinez-vous pas? forcé d'abandonner celui que vous habitez, j'irai dans les lieux sacrés pour moi qui vous ont vue naître, j'irai respirer l'air que vous avez respiré dans votre enfance, et je me croirai dans ma patrie! Oh! s'écria Célanire, faut-il ne connaître à quel point je suis aimée, que dans l'instant où nous allons nous quitter pour toujours!..... Ah! dans cet instant affreux, du moins qu'il me soit permis de te montrer toute mon ame!..... O mon Olivier? le ciel a formé mon cœur pour le tien! non, je ne puis croire qu'il nous sépare sans retour! je ne puis vivre que pour toi; eh! sans toi, que serait pour moi la vie? Quoi! peux-tu penser que tu ne reverras jamais Célanire, que jamais tes regards ne rencontreront les siens! quoi! je ne te redirai jamais que je t'aime, que je ne puis aimer que toi? en me quittant tu disparaîtrais pour jamais à mes yeux!..... cette idée confond mon imagination, elle est incompréhensible, comme l'éternité!..... En achevant ces mots, elle laissa tomber sa tête sur son sein, et elle cessa de parler. Je l'avais écoutée avec ravissement ; ce discours si tendre venait de ranimer dans mon cœur l'espérance éteinte ; Célanire ne pouvait concevoir notre éternelle séparation, et je cessais moi-même de la croire possible ; j'adoptai son idée avec transport, et je lui dis tout ce qui pouvait fortifier en elle cet heureux pressentiment. Elle me prêtait une oreille attentive, lorsque tout-à-coup je la vis tressaillir ; ses yeux s'étaient tournés vers l'horizon, et elle appercevait les premiers rayons du jour ! A cet aspect je fus frappé d'un saisissement aussi grand que si l'aurore n'eût jamais dû paraître ; il ne m'était plus permis de différer d'un seul instant ce douloureux depart, et tout mon bonheur venait de s'évanouir comme les ombres fugitives de la nuit ! Je rassemblai toutes mes forces, je me levai ; Célanire, pâle et tremblante, eut besoin de mon bras pour la soutenir ; nous n'osions parler ; nous fîmes quelques pas en silence ; ensuite je me retournai pour regarder ce banc que nous venions de quitter : Célanire cacha son visage sur ma poitrine et fondit en larmes ; je lui répondis par des gémissemens qui partaient du fond de mon cœur, et nous continuâmes notre marche. Enfin nous arrivons à la porte du jardin ; Célanire s'arrête, elle veut parler, la parole expire sur ses lèvres ; elle lève vers le ciel ses mains jointes, ensuite elle les laisse tomber sur mes épaules, et elle appuie sa joue sur la mienne. Que devins-je alors, en serrant pour la première fois dans mes bras et contre mon sein, cet objet adoré, dans l'instant même où nous allions nous séparer pour toujours, et devant la porte fatale qui allait s'ouvrir et se refermer sur moi !..... Célanire faisant un violent effort sur elle-même, s'arrache de mes bras, s'élance vers la porte et l'entr'ouvre ; mais dans ce moment je la vois pâlir et chanceler, et elle tomba sans connaissance à mes pieds. A cette vue, toute ma raison m'abandonne, l'amour seul se fait entendre à mon cœur éperdu ; j'enlève Célanire dans mes bras, franchissant la porte avec impétuosité, je sors du jardin, et je précipitais mes pas vers la forêt, lorsqu'à l'entrée du pont, Célanire ouvrit les yeux, et regardant autour d'elle avec effroi : Juste ciel ! s'écria-t-elle ; où suis-je ?.... A ces mots je m'arrêtai ;

le son de sa voix et son regard fixé sur moi, me firent perdre toute mon intrépidité ; la crainte et le remords succédèrent à l'emportement, et mille fois plus tremblant qu'elle, je la posai sur une roche qui se trouvait au-dessus du torrent, à l'endroit où nous étions. Je mis un genou en terre devant elle, et joignant les mains : O Célanire ! lui dis-je, espérons-nous vivre en nous séparant ?..... pouvais-je vous laisser dans cet état affreux ?.... Elle ne répondit rien, elle me regardait fixement, et avec une sorte d'attention qui m'enhardit ; je saisis une de ses mains. Ah ! fuyons nos tyrans, m'écriai-je ; ose suivre un amant, un époux !.... j'ai des chevaux près de ce lieu ; je connais les détours de la forêt, notre fuite est facile, elle est sûre.... Comme je prononçais ces paroles, je fus si frappé de l'étonnement qui se peignit dans ses yeux, toujours fixés sur les miens, qu'il me fut impossible de poursuivre ; j'appuyai sa main sur mon cœur, dont la palpitation violente m'ôtait presque la respiration.... Olivier ! dit-elle, et elle s'arrêta. Mais le ton dont elle prononça ce seul mot, me fit connaître tout ce qui se passait dans son ame ; le plus éloquent discours n'aurait pu me retracer mieux toutes les idées de devoir et de vertu que je venais d'oublier ; je restais immobile en la contemplant avec saisissement et comme un criminel qui attend son arrêt : cependant je ne voyais sur son visage ni ressentiment, ni colère ; elle me considéra quelques minutes ; et rompant enfin le silence : Va, dit-elle, je te pardonne, et je n'attribue cet égarement qu'à l'effroi que je t'ai causé ! Ô mon Olivier ! j'ignore, en effet, s'il est possible que je puisse vivre sans toi ; nous devons croire pourtant que l'Etre suprême proportionne notre courage à l'étendue des sacrifices que la vertu nous prescrit ; mais ce que je sais avec certitude, c'est que Célanire déshonorée ne pourrait supporter la vie. Ne perdons plus de temps, poursuivit-elle, nous sommes dans des lieux où l'on peut nous surprendre : ce soleil dont tu vois les premiers rayons, ne devait pas nous trouver ensemble ; si mon bonheur t'est cher, si tu sais aimer, ne me retarde plus, et ne me suis pas ; adieu.... tant que j'existerai, tu vivras dans mon souvenir et dans mon cœur..... adieu. — En achevant ces mots elle s'éloigna, je demeurai anéanti à ma place, je suivis des yeux sa marche incertaine et chancelante, je la vis entrer dans l'allée de saules, elle se retourna, me fit un signe, avec son mouchoir qu'elle tenait près de son visage, et qui sans doute était inondé de ses pleurs, et au même instant, précipitant ses pas, elle disparut à ma vue. En cessant de la voir, j'éprouvai un déchirement de cœur qui fut bientôt suivi du plus impétueux désespoir. Je me laissai tomber sur la roche qu'elle venait de quitter, et seul avec moi-même, avec mon amour; n'entendant plus que le mugissement du torrent qui bouillonnait avec fracas à mes pieds, je me livrai sans distraction aux plus accablantes et aux plus funestes pensées; mille sentimens contraires agitaient à la fois mon ame; le plus cruel de tous était les remords affreux que m'inspirait l'idée de la douleur de Célanire. Je me la représentais dans les larmes; je la voyais succomber à ses maux, et la certitude d'être aimé comme j'aimais, n'était pour moi qu'un tourment insupportable; je m'accusais de tout ce qu'elle souffrait; je ne voyais plus en moi qu'un séducteur barbare autant qu'insensé; je m'abhorrais moi-même en pensant que, sans mon fatal amour, sa vie entière eût été aussi paisible, aussi fortunée que brillante.... Hélas ! j'entrevoyais l'abîme horrible où je devais l'entraîner !... et cependant, au milieu de ces vains regrets, je me repentais et de mon obéissance aveugle, et de ne l'avoir pas enlevée.... je ne pouvais concevoir que j'eusse consenti à cette éternelle séparation, que je l'eusse laissée s'éloigner de moi pour toujours !... Juste ciel ! m'écriai je, il y a quelques instans qu'elle était là, je l'entendais, je la voyais, j'étais le maître de nos destins ; eût-elle résisté à mes larmes, à mon désespoir ?... elle m'eût suivi !.... j'aurais dû l'y forcer, elle ne pourra vivre sans moi !.... c'en est fait ! elle a disparu, je ne la reverrai jamais !..... En proférant ces paroles, je regardais en frissonnant la trace de ses pas, de cet espace si court qu'elle venait de parcourir, et qui maintenant mettait entr'elle et moi une insurmontable barrière..... Tout-à-coup je fus saisi de l'idée que peut-être elle n'avait pas eu la force de gagner sa demeure, que peut-être elle était évanouie à quelque distance du jardin !..... Au même instant je me lève, je vole vers l'allée de saules, je dirige ma course vers la maison, et j'arrive à la porte fatale ; elle était fermée ?..... je devais m'y attendre, et cependant à cette vue je sentis mon cœur se briser, il me sembla que je subissais le supplice d'une seconde séparation !..... je versais un déluge de larmes, en considérant cette porte, auprès de laquelle j'avais passé la veille deux heures si délicieuses..... l'amour et la douleur exaltant ma tête et troublant ma raison, je concevais confusément mille projets insensés ; je mesurais de l'œil la hauteur des murs, j'étais tenté d'essayer de les franchir, j'aurais donné la moitié de ma vie pour me retrouver encore quelques minutes dans l'enceinte qui renfermait Célanire !.... J'allais certainement hasarder quelqu'entreprise extravagante, lorsque j'entendis dans le lointain un bruit d'hommes et de chevaux : je revins enfin à moi-même, je frémis en songeant combien j'exposais la réputation de Célanire ; et l'amour même me rendant tout le courage qu'il m'avait ravi, je m'éloignai précipitamment, et bientôt je me retrouvai dans la forêt.

Mais je m'apperçois, poursuivit Olivier, que j'ai prolongé ma narration beaucoup plus tard qu'à l'ordinaire ; il est temps de la terminer.

CHAPITRE XIII.

L'antique générosité française.

La générosité jamais n'est imprudence.
Gustave Wasa, de PIRON.
Le ciel, au champ d'honneur, combat pour la vertu.
Gaston et Baïard, de DU BELLOY.

LES deux amis passèrent la nuit dans la ferme : le lendemain matin ils retournèrent dans le verger, et Olivier reprit ainsi la suite de son histoire : Je ne détaillerai point ce que j'éprouvai en me retrouvant sur la route que j'avais parcourue la veille pour aller chercher Célanire!...... J'arrivai au palais, je me rendis sur le champ dans mon appartement ; je t'y trouvai, mon cher Isambard ; tout le monde me croyait disgracié, exilé, et tu venais me conjurer de t'emmener avec moi ; je voulus vainement te dissuader de me suivre, je n'oublierai jamais ta réponse : Je ne veux point pénétrer ton secret, me distu, mais on assure que l'Empereur est irrité contre toi : l'amitié me donne le droit de t'accompagner dans ta fuite, et l'honneur me le commande. Il fallut bien céder à tes instances, mais nous convînmes que nous nous séparerions aux frontières. Nous partîmes ensemble, laissant toute la cour persuadée qu'Armoflède était seule la cause de ma disgrace, et que je n'avais sacrifié une fortune éclatante et l'ambition qu'à ma passion pour elle. La vanité d'Armoflède, comme tu le verras par la suite, acheva de confirmer le public dans cette opinion. Arrivés aux frontières, je te déterminai enfin à borner là ton voyage ; tu retournais à la cour, et il me fut doux de penser que Célanire éprouverait une satisfaction secrète en revoyant celui qui venait de me quitter. Je pris sans délai la route de la Saxe (4), et là je m'informai du lieu qu'avait habité Vitikind : j'appris avec chagrin que son ancienne demeure se trouvait précisément dans un canton dont s'était emparé le petit nombre de Saxons qui n'avait pas voulu ployer sous le joug de Charlemagne ; je sentis qu'un Chevalier français n'y serait pas reçu, et je me décidai à y aller en cachant mon nom et mon pays ; et dans ce dessein, je quittai mon armure, et je pris un bouclier sans devise. Je continuais ma route, lorsqu'en traversant une forêt, j'entendis un grand cliquetis d'armes : j'étais seul, j'avais envoyé mon écuyer en avant, il était trop éloigné pour le rappeler ; je courus du côté où j'entendais le bruit, et bientôt je découvris à travers les arbres, un homme seul attaqué par quatre scélérats ; je tressaillis en appercevant ce guerrier, que j'avais vu tant de fois dans les combats ; son armure aurore et noire, son air altier et menaçant, et surtout sa rare valeur, me firent dans l'instant reconnaître le fier Albion. O Célanire ! m'écriai-je, voici l'action la plus généreuse que je puisse faire, c'est toi seule que j'invoque ! En disant ces mots, je poussai impétueusement mon cheval et je fondis sur les brigands : ma surprise fut extrême en voyant parmi eux un homme qui paraissait leur chef, et qui était revêtu des marques honorables de la Chevalerie ; mais son bouclier n'offrait ni emblême, ni devise. Albion, blessé, avait grand besoin de secours ; mais quand il se vit secondé, il parut reprendre toute sa force, et nous eûmes bientôt mis en fuite ses lâches adversaires.

saires. Je voulais les poursuivre, pour forcer leur chef à lever la visière de son casque, afin de connaître cet indigne chevalier ; mais Albion me rappelant : Arrêtez, Seigneur, me cria-t-il, laissez fuir ces vils assassins ; un objet plus intéressant réclame vos secours et les miens. En prononçant ces paroles, il descendit de cheval ; et après avoir arrêté avec son mouchoir le sang qui coulait de ses blessures, il me conduisit au pied d'un arbre, où je trouvai le spectacle le plus inattendu et le plus touchant : c'était une jeune personne étendue sur l'herbe, et plongée dans un profond évanouissement ; ses habits étaient souillés de sang, et sa main tenait encore un poignard ensanglanté. O malheureuse Ordalie ! s'écria Albion. Il n'en put dire davantage, et je vis quelques larmes s'échapper de ses yeux..... Cette exclamation et cet attendrissement me parurent un trait de lumière, qui fit passer dans le fond de mon cœur la plus douce espérance ! Cette jeune personne respirait encore ; malgré sa pâleur, on distinguait sur son visage la plus rare beauté. Albion la connaissait, venait de livrer un combat pour elle ; il paraissait profondément touché ; je venais de voir couler ses pleurs !..... Ah ! s'il était possible qu'une ame insensible pour Célanire fût susceptible d'éprouver une passion , sans doute Albion aimait cette inconnue !..... Toutes ces idées me saisirent à-la-fois, et me causèrent le seul mouvement de joie que j'eusse éprouvé depuis mon entrevue avec Célanire. Cependant je secondais Albion dans les soins qu'il rendait à la jeune infortunée , qui était toujours sans connaissance. Il m'apprit que, croyant ne pouvoir échapper à ses ravisseurs qu'en attentant à sa vie , elle s'était donné un coup de poignard : la blessure était dans le côté , et ne me parut pas dangereuse ; nous étanchâmes le sang de notre mieux ; et enfin tout-à-coup elle parut se ranimer et r'ouvrit les yeux. En appercevant Albion , elle fit éclater une joie qui confirma toutes mes espérances. Albion me présentant à elle : Ordalie , lui dit-il , voilà votre vrai libérateur et le mien. Seigneur , poursuivit-il , en se tournant vers moi, votre nom doit être célèbre , si j'en juge par la valeur et la générosité que vous nous avez montrées ; mais il m'est permis de vous le demander , puisque vos armes et votre écu ne présentent aucun signe qui puisse vous faire reconnaître. Les infortunés, répondis-je, ne doivent chercher que l'obscurité, et ne peuvent desirer que l'oubli. Tout ce qu'il m'est possible de vous dire, Seigneur, c'est que vous voyez en moi l'admirateur le plus exalté du grand Vitikind; et si jamais vous lui parlez du service que j'ai eu le bonheur de vous rendre, il saura me reconnaître à ces traits, et pourra vous dire qui je suis. Au nom de Vitikind, la belle Ordalie fit un mouvement de surprise, en regardant Albion; ensuite elle leva les yeux au ciel, en poussant un profond soupir; et Albion reprenant la parole: Il faut, Seigneur, dit-il, que vous mettiez le comble à vos généreux procédés, en vous chargeant de reconduire Ordalie dans la maison paternelle; sa demeure est à deux journées d'ici..... Je ne puis paraître dans les lieux qu'elle habite.....; mais je n'aurai nulle inquiétude sur elle, en la sachant sous la protection d'un Chevalier tel que vous. J'acceptai, sans balancer, cette proposition. Albion prit congé de nous, et partit aussi-tôt. Je demandai à Ordalie quel chemin nous devions prendre. J'appris avec plaisir que c'était précisément la route que je m'étais proposé de suivre, et qui devait me conduire à l'ancienne demeure de Vitikind. Je pris Ordalie en croupe sur mon cheval, et nous nous mîmes en marche. Ordalie était affaiblie par la quantité de sang qu'elle avait perdu ; mais sa blessure était extrêmement légère, et le mouvement du cheval, loin de lui être nuisible, parut ranimer ses forces. Comme la nuit s'approchait, je lui proposai de s'arrêter à une maison que nous rencontrâmes à une lieue de la forêt. Elle y consentit : nous convînmes qu'elle s'y reposerait et y passerait la nuit, et que nous nous remettrions en route à la pointe du jour. En effet, nous partîmes le lendemain au lever de l'aurore, Ordalie m'assurant que la douleur que lui causait sa blessure, était infiniment diminuée. Je hasardai quelques questions sur Albion, car je brûlais d'acquérir des lumières certaines à cet égard ; je lui témoignai combien j'étais surpris qu'avec le sentiment qu'Albion montrait pour elle, il eût chargé un inconnu du soin de la ramener à sa famille. Hélas ! Seigneur, dit Ordalie, le brave et généreux Albion est proscrit dans le séjour où vous me conduisez. Vous avez sans doute entendu parler de ce despote insolent et barbare, de ce tyran impie qu'on appelle Charlemagne ; vous savez, Seigneur, qu'il a subjugué mon malheureux pays. Vitikind (si grand jadis, et maintenant le traître), Vitikind a subi ce joug infâme : l'infidèle Albion a suivi son exemple !..... Cependant il est encore parmi nous des cœurs nobles et généreux. Mes parens sont de ce nombre ; ils sont à la tête d'un parti qui s'accroît chaque jour ; et nous espérons qu'à la fin nous verrons triompher la cause sacrée de la justice et de la liberté. Eh quoi ! belle Ordalie, repris-je, se peut-il qu'une bouche aussi pure que la vôtre appelle Charlemagne un tyran barbare, et Vitikind un traître ! J'avoue que jusqu'ici la renommée m'a donné sur ces deux hommes illustres, des idées bien différentes !..... elle m'a dit que Vitikind, chef des Saxons, défendit son pays, avec une valeur héroïque, contre toutes les entreprises belliqueuses de l'Empereur. Il ne considérait alors ce prince que comme un conquérant ; mais lorsqu'il vit en lui le premier législateur du monde et le plus grand homme de son siècle ; lorsqu'il fut éclairé (souffrez que je le dise) sur la barbarie de vos mœurs et de vos lois ; lorsque l'humanité, la magnanimité de Charlemagne lui firent sentir toute l'horreur des sacrifices humains et de tant d'autres cruautés exercées parmi vous ; lorsqu'enfin il eut connu la sublimité de la morale évangélique, il traita de la paix, mais avec le consentement unanime de sa nation. Quelques révoltés, il est vrai, refusèrent de ratifier le traité ; mais quel poids pouvaient avoir leurs réclamations après le vœu contraire, exprimé librement par la masse entière du peuple !..... Seigneur, dit Ordalie, je vous dois l'honneur et la vie, et j'ai besoin de m'en souvenir en écoutant un pareil discours !..... Je vois avec douleur que mon libérateur est un partisan des rois..... Non, perdez cette erreur, interrompis-je, et croyez au contraire que je n'admire autant Charlemagne, que parce qu'il est absolument différent de ce que sont communément les rois. Je sais comme vous, que les rois, en général, ne se croient grands et puissans qu'autant qu'ils sont absolus, c'est-à-dire, despotes. Charlemagne reçut la couronne avec une autorité sans bornes ; il eut assez de génie et de grandeur d'ame pour sentir qu'un pouvoir arbitraire est aussi fragile qu'illégitime ; il voulut ne régner que par les lois ; il fallait les faire, il n'en existait point ; lui seul, dans ses vastes états, était capable de composer ce grand ouvrage ; mais en se dévouant à cette entreprise, il ne s'en réserva que les pénibles travaux, et voulut en donner toute la gloire à la nation. Il appela près de lui des députés de toutes les provinces : le peuple jusqu'alors avili, et dont aucun roi de France n'avait daigné compter le suffrage, fut invité par lui à produire aussi ses représentans : Charlemagne ainsi entouré de ses sujets, leur demanda leurs conseils, leur proposa ses lois, les discuta avec eux, ensuite se retira des assemblées pour leur laisser l'entière liberté de les modifier, de les rejeter ou de les approuver ; et lorsque les lois eurent passé à la pluralité des suffrages, il les fit promulguer au nom de la nation entière, représentée par les députés de tous les ordres de l'état (5) : et c'est un tel

prince que vous appelez un tyran !...
—(*) Seigneur, quoi-que vous en disiez, les peuples qui obéissent aux rois,
sont toujours des esclaves. — Non,
quand le trône est fondé sur les lois :
enfin comme le peuple forme la classe
la plus nombreuse de l'état, les lois
doivent être faites pour lui sur-tout,
la législation doit avoir pour but prin-
cipal d'assurer son bonheur et sa prospérité ; mais privé d'éducation et de
lumières, le peuple ne peut gouverner lui-même, il lui faut des chefs ;
et qu'importe à sa félicité les titres et
les noms de ces chefs ? pourvu qu'un
chef ne soit pas absolu, pourvu que
son pouvoir ne soit pas arbitraire,
qu'importe sa dénomination ? le magistrat d'une république peut être un tyran, et le souverain d'un grand empire
peut en être le plus digne citoyen. Mais,
belle Ordalie, continuai je, revenons

(*) La note (5) renvoyée à la fin de ce volume, justifiera tous ces éloges par des faits tirés
de l'histoire. Cependant il n'en est pas moins vrai
que la conquête de la Saxe est une tache dans la
vie de ce grand homme ; mais Olivier parle ici
comme il doit parler. Dans le second volume,
un personnage plus impartial portera sur ce
sujet un jugement plus équitable.

à un objet plus intéressant pour vous ;
parlons d'Albion, et daignez m'apprendre par quelle étrange aventure vous
étiez tombée entre les mains des brigands dont sa valeur vons a délivrée.
Seigneur, répondit Ordalie, j'ignore le
nom de mon indigne ravisseur ; tout
ce que je puis vous dire, c'est que
dans une de nos solennités religieuses,
des étrangers s'introduisirent dans le
temple où j'étais : je remarquai celui
qui paraissait le maître des autres,
parce qu'il me regardait avec une af-
fectation qui me frappa. Peu de jours
après, mon père étant absent, et me
trouvant avec peu de domestiques dans
une habitation isolée, au milieu des
bois, j'entendis un soir le bruit des
chevaux de plusieurs cavaliers qui tra-
versaient le bois ; au bout de quelques
minutes on frappa doucement à la porte ;
je ne doutai point que ce ne fût mon
père : on ouvrit la porte, mais que
devins-je, en voyant entrer quatre in-
connus armés de toutes pièces, qui
m'enlevèrent malgré mes cris et mon
désespoir ! ils me conduisirent par des
chemins détournés ; nous allions avec
une extrême vîtesse ; l'étranger que
j'avais vu dans le temple me tenait sur

son cheval ; aux premiers rayons du jour, il avait levé la visière de son casque pour me montrer son odieux visage . . . . Il y avait plus de quinze heures que nous marchions sans nous arrêter, lorsque regardant toujours de tous côtés, j'apperçus enfin dans l'éloignement un homme à cheval ; alors je fis des cris perçans ; au moment même ce cavalier vint à bride abattue de notre côté, et bientôt je reconnus le vaillant Albion ! . . . . Il défia au combat l'inconnu qui me tenait ; le défi fut accepté ; on me mit à terre au pied d'un arbre, et mon lâche ravisseur appelant ses trois domestiques, fondit avec eux sur Albion . . . . . A cette vue je sentis mes forces défaillir ; cependant je conservais assez de présence d'esprit pour connaître toute l'horreur de ma situation ; je vis qu'il m'était impossible de fuir (un tremblement universel m'ôtait l'usage de mes jambes), je crus la perte d'Albion certaine ; et pour ne pas retomber au pouvoir du plus vil de tous les scélérats, je me décidai à me donner la mort. J'avais, suivant notre coutume, un poignard caché sous ma ceinture, dont je n'avais pu faire usage jusqu'alors, car on m'avait lié les mains, mais en descendant de cheval, ce lien s'était dénoué sans qu'on s'en fût apperçu dans ce moment de trouble et de terreur. Ainsi pouvant disposer de moi-même, je tirai mon poignard et je m'en frappai ; mes yeux se fermèrent, et je crus qu'ils ne se r'ouvriraient jamais . . . . . Vous savez le reste, Seigneur . . . . Je ne conçois pas, repris - je, qu'Albion ait pu vous quitter sans vous demander des détails sur votre enlèvement et votre ravisseur . . . . Vous me parlez toujours d'Albion, répondit Ordalie ; je vois quelle est votre erreur, et je vais vous éclairer sur ce point. Avant nos funestes dissentions, ma famille était étroitement unie à celle de Vitikind ; je fus élevée avec sa fille . . . . Pardonnez, Seigneur, aux larmes qu'un souvenir si cher m'arrache encore . . . . Ici Ordalie s'arrêta. . . . . Tu peux juger de l'émotion que me causa ce peu de mots, et avec quel intérêt j'attendais la fin de cette nouvelle confidence ! Ordalie reprenant la parole : D'après vos discours, dit - elle, il m'a semblé que vous connaissiez Vitikind, mais avez-vous vu Célanire ? Ce nom me fit tressaillir jusqu'au fond de l'ame ; je fus excessivement troublé d'une question si simple ; cependant je répondis que Célanire m'était inconnue , espérant qu'alors Ordalie m'en parlerait avec plus de détail. Je ne me trompais pas , elle me la dépeignit avec tout le sentiment de l'amitié la plus tendre et la plus exaltée ; en me parlant d'elle , ses pleurs coulaient toujours ; je ne pouvais la voir , puisqu'elle était placée sur mon cheval derrière moi , mais sa voix entrecoupée me faisait assez connaître l'excès de son attendrissement ; combien cette voix qui me parlait ainsi de Célanire me paraissait touchante ! Ordalie , l'amie la plus tendre de Célanire , devenait une autre personne pour moi ; j'éprouvais le desir de revoir son visage , comme s'il m'eût été inconnu ; et si le mien n'eût pas été couvert de larmes , je me serais retourné pour la regarder. . . . . Ordalie poursuivant son discours : Telle est , dit-elle , l'amie que j'ai perdue ; je l'aimais de préférence à tout. . . . . je m'enorgueillissais de la gloire de Vitikind , parce qu'il était son père ; Albion m'était cher , parce qu'il devait être son époux. . . . . et maintenant nous sommes désunies pour toujours. . . . . Ah ! Seigneur , si vous saviez combien il est affreux de se voir séparé sans retour de l'objet de sa plus vive affection, à quel point vous me plaindriez !.... O chère et sensible Ordalie ! m'écriai-je, qui peut vous plaindre mieux que moi !..... Comme j'achevais ces mots, nous apperçûmes une troupe de gens armés qui venaient à nous ; Ordalie qui avait encore l'imagination troublée par le souvenir de son enlèvement, témoigna d'abord quelque frayeur, mais bientôt elle reconnut que cette troupe n'était composée que de ses compatriotes. Lorsque nous en fûmes à portée, nous nous arrêtâmes ; ces guerriers témoignèrent la joie la plus vive en la voyant ; ils se chargèrent de la ramener dans sa famille : nous nous fîmes de tendres adieux, et je la remis dans leurs mains : ils prirent un chemin différent de celui que nous suivions ; je les perdis bientôt de vue, et je continuai ma route. Je fis les vœux les plus sincères pour cette charmante Ordalie, qui, malgré ses préjugés et l'esprit de parti, restait si fidelle à l'amitié. Son dernier récit m'avait désabusé de l'idée que j'avais conçue des sentimens d'Albion pour elle, je m'en affligeai profondément, car c'était renoncer à une illusion à laquelle je m'étais livré avec transport, et dont la perte achevait de m'ôter toute espérance. En finissant ces mots, Olivier se leva en appercevant le jeune Zemni qui venait l'avertir que ses chevaux étaient prêts. Comme les Chevaliers se proposaient de faire une assez longue journée, ils partirent aussi-tôt.

CHAPITRE XIV.

L'absence et le secret.

Un des plus grands maux de l'absence, et le seul auquel la raison ne peut rien, c'est l'inquiétude sur l'état actuel de ce qu'on aime. Sa santé, sa vie, son repos, son amour, tout échappe à qui craint de tout perdre; on n'est pas plus sûr du présent que de l'avenir, et tous les accidens possibles se réalisent sans cesse dans l'esprit d'un amant qui les redoute.... O absence! ô tourment! ô bizarre et funeste état où l'on ne peut jouir que du moment passé, et où le présent n'est point encore !

Nouvelle Héloïse, de J. J. ROUSSEAU.

Spesso in poveri alberghi e in picciol tetti
Nelle calamita di e nei disagi
Meglio s'aggiungon d'amicizia i petti
Che fra richezze invidiose ed agi
Delle piene d'insidie et di sospetti
Corti regali et splendidi palagi
Ove la caritade e in tutto estinta
Ne si vede amicizia se non finta.

ORLANDO FURIOSO.

LES Chevaliers du Cygne arrivèrent avant la fin du jour dans une petite ville, où ils couchèrent. Suivant leur coutume, ils se remirent en route le lendemain ; mais après une heure de marche, ils se sentirent si appesantis par la chaleur qui était excessive, et se trouvèrent dans un lieu si charmant, qu'ils résolurent de s'y arrêter. Ils étaient sur le bord d'un superbe lac entouré de rochers et de montagnes majestueuses, couvertes de sapins ; le lac qui était d'une grande étendue, avait très-peu de largeur en cet endroit, d'autant mieux qu'il paraissait coupé par une petite île ombragée de peupliers, qui s'avançait dans les eaux et formait en face de nos Chevaliers un point de vue délicieux. Ils conjecturèrent que cette île était habitée par des pêcheurs, car ils virent sur sa rive des filets et un petit bateau. Le ciel était obscur et couvert, on voyait déjà quelques éclairs ; cependant on ne sentait pas la moindre haleine de vent, l'air était brûlant et calme, les feuilles des arbres paraissaient immobiles, et l'on n'appercevait sur la surface des eaux que l'ondulation apparente qu'y formaient les nuages, en changeant de formes et en s'y réfléchissant. Isambard et son ami s'assirent sur un rocher qui dominait le lac et qui se trouvait exactement en face de la petite île, et le malheureux Olivier reprit ainsi la suite de son histoire.

Le soir du jour où je me séparai d'Ordalie, je retrouvai mon écuyer à peu de distance du lieu où je devais séjourner. Inquiet de ne me pas voir arriver, il revenait sur ses pas au-devant de moi ; il m'apprit que l'habitation de Vitikind avait été détruite par les révoltés, et que ses jardins formaient une promenade publique. Mon écuyer ajouta qu'il m'avait retenu un logement dans une petite maison située tout auprès de l'ancienne demeure de Vitikind. Comme il achevait de me donner ces informations, nous nous trouvâmes à l'entrée d'un bois. Nous ne pouvons, me dit mon écuyer, entrer ici à cheval, ces plantations sont ce que les gens du pays appellent un bois sacré ; il n'est pas permis d'y faire passer d'animaux. Mais, poursuivit-il, votre maison est au bout de cette avenue. A ces mots je mis pied à terre, je donnai mon cheval à mon écuyer, qui prît un autre chemin, et j'entrai seul dans le bois. Ce lieu consacré offrait un coup-d'œil singulier et nouveau pour moi ; presque tous les ar-

bres étaient chargés d'offrandes et d'ins-
criptions ; ici les rameaux flexibles d'un
peuplier ployaient sous le poids des
guirlandes de fleurs ; là, sur la cime d'un
sycomore, on appercevait un trophée
d'armes ; plus loin, du milieu des branches touffues d'un laurier, on voyait
s'élever et flotter au gré des vents un
drapeau victorieux sans doute, ou con-
quis sur l'ennemi ; souvent, au pied
d'un chêne ou d'un tilleul, hérissés
de piques, de lances et de javelots,
on trouvait un arbuste odoriférant,
paré des plus douces offrandes ; un
rosier où l'on avait attaché une cor-
beille légère remplie de fruits, ou bien
une couronne formée de simples fleurs
des champs ; j'admirai sur-tout à côté
d'un superbe sapin qui portait des
carquois et des cymbales, deux jeunes
myrtes, sur l'un desquels on avait
placé un flageolet, et sur l'autre un
nid de tourterelles artistement entouré
de festons, de lys et de roses (6).
Plusieurs personnes se promenaient
dans ce bois ; on s'apperçut facilement que j'étais un étranger, et deux
ou trois hommes s'approchant de moi,
nous entrâmes en conversation. Ils
m'apprirent que la plus grande par-

tie de ces arbres étaient consacrés aux divinités, objet de leur culte religieux, et que les autres arbres l'étaient à la gloire des citoyens morts ou vivans qui avaient mérité cet honneur par leurs vertus ou leurs exploits. Comme l'un de ces hommes me donnait cette explication, nous nous trouvâmes auprès de deux arbres nouvellement coupés, et le Saxon poursuivant son discours : Voyez-vous ces deux souches ? me dit-il, c'étaient, il y a quelques mois, deux ormes majestueux, dont les têtes altières s'élevaient au-dessus de tous les arbres de cette enceinte ; une guirlande de laurier les unissait l'un à l'autre, vous eussiez alors admiré les ornemens qui les décoraient, les cuirasses, les boucliers, les étendards, dépouilles glorieuses ravies aux Français !.... enfin ces deux arbres étaient consacrés à Vitikind et à son lieutenant..... Tournez les yeux de ce côté, continua-t-il ; ce grand espace que vous appercevez, et qui n'est séparé de ce bois que par une haie, c'étaient les jardins de Vitikind : maintenant ils appartiennent au public.... Ici je terminai cet entretien ; en reprenant ma promenade, mes Saxons me quittèrent ; je sortis du bois, et je fus prendre possession de mon nouveau logement. Le lendemain, à la pointe du jour, je me rendis au jardin de Vitikind, me flattant qu'à cette heure j'y serais seul et que j'y pourrais rêver en liberté. En effet, je n'y trouvai personne ; j'éprouvai la plus vive émotion en entrant dans cet enclos que Célanire avait parcouru tant de fois ; je regardais avec attendrissement tous les objets qui m'entouraient les arbustes, les fleurs que peut-être elle avait plantées ou cultivées ; je la voyais par-tout, je croyais retrouver et suivre la trace de ses pas ;.... elle a passé là, disais-je, elle s'est assise sur ce banc, elle s'est reposée sous cet ombrage ! Hélas ! ses jours coulaient alors dans une douce tranquillité ! les sentimens de la nature, la tendre et paisible amitié suffisaient à son bonheur !..... Ici l'inquiétude dévorante, les regrets amers, les combats déchirans d'une passion impétueuse, n'agitèrent jamais son ame...... Elle ne me connoissait pas..... elle fut heureuse ici..... et maintenant..... elle souffre, elle gémit, et tous ses maux sont mon ouvrage !..... Je déplorais ainsi son sort et le mien, lorsque tout-à-coup, au détour d'une allée, je vis paraître un vénérable vieillard qui fixa toute mon attention ; d'une main, il tenait un long vase, et de l'autre un arrosoir. En m'appercevant, il fit un mouvement de surprise, et son visage exprima une sorte de frayeur qui me frappa. Il parut vouloir se retirer ; je m'avançai vers lui, et je lui demandai d'où pouvait venir l'espèce de crainte que je semblais lui inspirer. Il vit, à mon accent, que j'étais étranger, et il eut l'air de se rassurer. Je viens, me dit-il, cultiver ce jardin ; nos nouveaux chefs me l'ont permis ; ils m'ont laissé cet emploi, que j'exerce depuis soixante ans..... Depuis soixante ans ! interrompis-je vivement ; quoi, respectable vieillard, vous étiez donc ici, lorsque cette maison appartenait au grand Vitikind ?... A cette question, je vis les yeux du vieillard se remplir de larmes ; il fut un moment sans répondre ; ensuite, reprenant la parole : Vitikind ! dit-il, je l'ai vu naître ! Je fus jardinier de son père, je fus le sien...... Ces faibles bras, appesantis par l'âge, ont porté plus d'une fois ce grand guerrier dans sa première enfance...... Et sa fille !.... combien de fois, dans son berceau, n'a-t-elle pas dormi sur mes genoux !.... O mon père ! m'écriai-je, en me jetant au cou du vieillard. Je n'en pus dire davantage, mes pleurs me coupèrent la parole. Le bon jardinier, étrangement surpris de ce transport, me regardait, me questionnait et pleurait avec moi. Enfin, je lui dis, que je connaissais Vitikind, et que j'avais pour lui autant de tendresse que d'admiration. Pendant ce discours, la joie brillait dans les yeux du vieillard; cependant, il m'exhorta à ne pas montrer de tels sentimens dans des lieux qui n'étaient remplis que des ennemis de Vitikind. Je voulais lui faire encore quelques questions ; mais il me quitta, en me disant que, si dans ce moment, il était surpris par un habitant du pays, il courrait beaucoup de dangers. Je n'en pus savoir davantage. Cette découverte m'enchanta ; il m'était si doux de trouver un homme qui avait vu Célanire dans son enfance et dans sa première jeunesse, avec qui je pourrais parler d'elle, qui m'instruirait de tous les détails qui pouvaient m'intéresser !..... J'attendis la fin du jour avec impatience, espérant que le vieillard reviendrait le soir dans le jardin. En effet, je l'y retrouvai ; mais comme il y avait du monde, je remarquai que la crainte d'être observé le gênait beaucoup. Je lui demandai où était sa demeure. Il me répondit, qu'il habitait une petite chaumière située à l'extrémité du jardin, et qu'il s'appelait TOPAL. Avec ces renseignemens, je me rendis le lendemain matin chez lui, environ une heure après le lever du soleil. Il revenait du jardin, et il parut me voir avec plaisir. Je le priai d'abord de m'expliquer quelle espèce de risque il aurait pu courir la veille dans la matinée, si l'on nous eût surpris ensemble. Ce n'est point, répondit-il, parce que j'étais avec vous; car si j'eusse été seul, je me serais trouvé dans le même danger, parce que j'avais passé l'heure où je pouvais sans risque être dans cette situation. Et quelle situation? interrompis-je. Il m'est impossible de vous comprendre. Je le crois bien, reprit-il en souriant, et c'est un mystère que je ne puis vous révéler. Ces paroles excitèrent en moi la plus vive curiosité; mais Topal fut inébranlable, et refusa positivement de m'expliquer cette énigme. D'ailleurs, il répondit franchement à toutes mes questions, voyant, disait-il, qu'en effet j'aimais son maître.

Comme je savais qu'on traitait avec la plus grande rigueur tous ceux qui avaient été attachés à Vitikind, je demandai à Topal, comment il avait pu se soustraire à ce sort commun. J'ai quatre-vingts ans, me répondit-il; on n'a rien à redouter d'un vieillard sur le bord de sa tombe. J'ai dit qu'il n'aurait tenu qu'à moi de quitter ce canton à la première nouvelle des progrès des révoltés, que j'aurais pu vendre avec avantage mon petit bien, et cela était vrai, mais que j'étais attaché à cette terre que je cultive depuis tant d'années, et que je desirais y mourir. J'ai deux petits-fils dans l'armée des révoltés; ils ont rendu de grands services à leur parti; et par considération pour eux et pour mon âge, on m'a traité avec humanité, on m'a conservé la direction du jardin de Vitikind, et on me laisse paisible dans ma chaumière. Mais, poursuivit le vieillard, il n'y a plus de bonheur pour moi. J'ai vu couper les arbres consacrés à mon bienfaiteur; j'ai vu de même abattre, dans son jardin, ceux qu'il avait consacrés lui-même à ses amis, à ses parens, dans son propre enclos, suivant l'usage du pays; j'ai vu démolir sa maison. O quelles larmes j'ai

j'ai versées en voyant tomber ce toit
hospitalier, sous lequel l'étranger, le
voyageur et le pauvre furent toujours
également accueillis !..... Enfin, j'ai
la douleur de ne rencontrer que des
ennemis de Vitikind. Sa gloire et son
éloge ont retenti pendant trente ans à
mes oreilles ; tout ce pays était couvert de ses trophées et des monumens
de ses victoires ; et maintenant, je
n'entends plus que la voix de la haine
et de la calomnie....., et je suis forcé
de me taire.... (*). Ah ! j'aimerais
mille fois mieux vivre au fond d'un
désert..... Eh bien, mon cher Topal,
interrompis-je, qui vous empêche de
quitter ce pays ? Manquez - vous de
moyens et d'argent ? Je vous en four-
nirai. N'avez-vous personne pour vous
accompagner, pour vous aider à former ailleurs votre établissement ? Je
vous conduirai ; je me charge de tout....
Fidèle serviteur de Vitikind, digne ami
de sa famille, parlez librement et dis-

(*) Ce langage ne paraît guère celui d'un jardinier ; mais il faut observer que Topal parlait
dans sa langue, et qu'Olivier, dans son récit à
son ami, traduisant ses discours en français, n'en
rend que le sens et non les expressions.
Note de l'Editeur.

Tome I. I

posez de moi. A ces mots, le sensible vieillard me prit la main, et me la serrant avec un profond attendrissement : O bon jeune homme ! me dit-il, vous me donnez les premières consolations que j'aie reçues depuis six mois..... Mais je ne puis profiter de vos offres ; il faut que je meure ici..... — Et pourquoi ? Craignez-vous la fatigue d'un voyage ? — Non, j'aurais encore assez de vigueur pour fuir les ennemis de mon bienfaiteur. — Vous ne pouvez donc vous résoudre à quitter le canton qui vous a vu naître ? — Tous mes amis ont disparu de cette terre ; les hommes qui les ont chassés sont violens et cruels ; ils parlent de liberté, mais ils agissent en tyrans. Oh ! sans doute je quitterais sans peine des lieux que je ne reconnais plus !..... — Pourquoi donc y voulez-vous rester ? — Pour remplir un devoir sacré. — Quel devoir ? — Ne m'interrogez plus, je ne pourrais vous répondre. Ces mots mirent le comble à ma curiosité, d'autant plus que d'après l'attachement passionné de ce vieillard pour Vitikind, j'étais sûr que ce devoir mystérieux était relatif à son maître. Je n'essayai point de l'engager à me confier cet incompréhensible secret ; ma première tentative m'avait trop fait connaître que toutes mes prières, à cet égard, seraient inutiles. Je tournai la conversation sur Célanire, dont je n'avais encore osé prononcer le nom. Je lui dis que je la connaissais aussi ; et quand il sut que je venais de la quitter, il m'accabla de questions à son tour. Combien s'accrut mon intérêt pour ce respectable vieillard, en voyant la vive affection qu'il conservait pour la fille de son bienfaiteur ! Je lui demandai s'il avait eu avec elle quelque relation particulière. C'était moi, répondit-il, qu'elle chargeait du soin de découvrir les infortunés du canton. Je l'ai mille fois conduite dans la chaumière du pauvre. Oh ! si vous aviez vu comme elle savait secourir et consoler les malheureux ! D'abord, elle pleurait avec eux, et pleurait encore, quand elle avait tari leurs larmes..... Elle venait souvent dans ma cabane. Vous voyez comme l'intérieur en est joli ; c'est elle qui s'est plu à l'embellir. Ces belles nattes de jonc, ces corbeilles d'un osier si fin, ces vases de libations, tous ces meubles enfin sont des dons de Célanire. Elle a doté mes petites-filles ;

c'est elle qui les a mariées....; et quand j'étais malade, elle m'apportait des simples qu'elle avait cueillis et préparés pour moi..... Elle avait un petit jardin particulier à l'extrémité de celui de son père. Là, chaque jour, je cultivais avec elle ses plantes et ses fleurs..... — Ici j'interrompis Topal, pour lui demander si ce jardin de Célanire n'était pas un enclos entouré d'une haute palissade, que j'avais remarqué en me promenant. C'est justement cela, me répondit-il. O mon cher Topal! repris-je, conduisez-moi dans cette enceinte, je vous en conjure.. .. Puisqu'elle est fermée et qu'elle vous appartient, j'aimerais bien mieux m'y promener que dans le jardin de Vitikind, qui est devenu public. A ces mots, Topal secoua la tête, en me regardant tristement. Vous m'affligez, me dit-il; c'est une vraie peine pour moi de vous refuser une chose qui paraît si simple, mais je ne puis vous conduire dans ce lieu.....; et vous me causeriez un véritable chagrin, si vous insistiez là-dessus. Quel étonnant mystère, m'écriai-je!..... Ecoutez, reprit Topal, je n'ai déjà eu que trop de confiance en vous, car je n'aurais

jamais dû vous laisser soupçonner qu'il
y a des secrets que je dois garder : si
vous disiez seulement le peu qui m'est
échappé, vous me perdriez. ... Quoi !
Topal, lui dis-je, doutez-vous de ma
discrétion ?..... Non, répondit-il ; mais
du moins je dois l'éprouver avant de
me livrer entièrement à vous. Cette
réponse me donna l'espérance d'obtenir, avec un peu de temps, un secret
que je brûlais de savoir. J'assurai Topal que je ne l'importunerais plus de
questions ; et je le quittai, l'esprit et
le cœur également remplis de tout ce
que je venais d'entendre. Je passai près
d'un mois de la sorte, voyant tous les
jours ce vieillard, lui apportant sans
cesse tous les présens qui pouvaient
lui être agréables. Il paraissait touché
de mes soins, de mes attentions ; il
était bien convaincu que j'avais pour
Vitikind tous les sentimens d'un fils.
Cependant je ne faisais aucun progrès
dans sa confiance ; et lorsque je ha-
sardais une question, il me rappelait
ma promesse, et refusait positivement
de me répondre. Enfin, ne pouvant
plus supporter cette incertitude et l'excès de ma curiosité, je pris le parti
d'essayer de surprendre le secret qu'on

ne voulait pas me confier. Ce que je desirais le plus, c'était de pouvoir pénétrer dans le jardin qui avait appartenu à Célanire. Je savais que le vieillard y allait tous les matins, à la pointe du jour ; lui seul en avait la clef. Cette précaution n'avait rien de surprenant ; c'était une ancienne habitude du temps même de Célanire. Personne n'entrait dans ce jardin que Topal et sa jeune maîtresse. Je me rendis, au milieu de la nuit, auprès de cette haute palissade, dont mes yeux, tant de fois, avaient mesuré l'élévation. A côté de la porte, était un épais buisson de laurier : je me cachai derrière, et là j'attendis Topal avec autant d'impatience que d'inquiétude. A peine une faible clarté commençait à dissiper les ténèbres, que j'entendis le pas tardif et pesant du bon jardinier. Mon trouble était extrême ; je me reprochais vivement d'avance celui que j'allais causer à ce vieillard..... Il s'avança lentement et ouvrit la porte. Au moment même, je me glissai derrière lui, et j'entrai avec lui dans le jardin. Il tressaillit en m'appercevant ; et dans son effroi, il laissa tomber un vase plein de vin, qu'il tenait. O jeune homme !

s'écria-t-il , quelle action faites-vous là !.... Sans doute elle est condamnable , lui dis-je ; mais, cruel Topal , vous refusez de me confier votre secret, apprenez les miens. J'ai sauvé la vie de Vitikind, et j'adore sa fille.... Je l'adore en vain ; elle ignore cet amour malheureux.... J'ai dû la fuir..... Je ne suis venu dans ce pays que parce qu'il fut le sien.... Je suis sûr que le mystère que vous me cachez, regarde Célanire ou son père ; jugez s'il doit m'intéresser !... Pendant ce discours, le vieillard immobile paraissait frappé d'un profond étonnement ; comme il gardait le silence, je repris la parole. Je ne suis entré dans ce jardin, lui dis-je, que dans l'espoir de te fléchir ; ne crains point que j'y pénètre malgré toi : parle.... Si tu l'exiges, j'en vais sortir à l'instant même.... Est-il possible, dit enfin le vieillard, que vous soyez ce guerrier généreux qui sauva les jours de mon maître ? Tiens, répondis-je en tirant de mon sein la précieuse écharpe, la reconnais-tu, cette écharpe, ouvrage de Célanire ?...Oh ! c'en est assez, s'écria le vieillard, en versant des larmes de joie ! Je sais qu'en effet cette écharpe fut donnée.... Je la reconnais ; j'ai vu ma

jeune maîtresse y travailler ; j'ai vu Vitikind la recevoir de la main de sa fille......
Viens , poursuivit - il avec transport,
viens, suis-moi ; je vais aussi te récompenser. En achevant ces mots, il m'entraîne ; le sentiment et la joie ranimaient
ses forces. Nous traversâmes · rapidement une allée couverte, au bout de
laquelle il s'arrêta brusquement. Regarde, me dit - il , regarde cet arbre
consacré par Célanire ! Alors , je vis
un sorbier d'une élévation prodigieuse,
et couvert de ses belles grappes d'un
pourpre brillant , qui font ressortir ,
avec tant d'éclat , la verdure foncée
de son feuillage Je m'en approche ,
et je découvre , suspendues à l'une de
ses branches , une chaîne d'or et une
longue tresse de cheveux blonds ....
O généreux jeune homme ! s'écrie le
vieillard d'une voix entrecoupée, jette
les jeux sur l'inscription ..... Que
devins - je , Isambard , en lisant sur
l'écorce de l'arbre, ces mots, tracés de
la main de Célanire : AU LIBÉRATEUR
DE MON PÈRE..... Je tombai sur mes
genoux , en élevant les bras vers ce
respectable monument de tendresse filiale et d'amour : mon cœur , pénétré
d'admiration et de reconnaissance, était

en même temps brisé de douleur. Le sentiment profond et déchirant d'une perte irréparable, me ravissait toute la douceur d'une découverte si touchante .... Cependant je ne pouvais m'arracher de cet arbre chéri, que je tenais étroitement embrassé ; les craintes de Topal ne lui permettant pas de rester plus long - temps dans ce lieu, il fallut céder à ses instances, et sortir avec lui. Nous rentrâmes dans sa maison, et là ce bon vieillard me donna l'explication de toute sa conduite. Il m'apprit que Célanire avait consacré cet arbre aussi - tôt après le retour de son père, que l'on avait cru tué ou fait prisonnier. Célanire, poursuivit-il, voulut, je ne sais pourquoi, que cette action fût ignorée. J'ai toujours soupçonné, ajouta le vieillard, qu'elle craignit peut-être qu'Albion n'en fût jaloux, car elle n'avait jamais rien fait de semblable pour lui. Quoi qu'il en soit, elle me mit seul dans cette confidence ; on venait rarement dans son jardin particulier ; mais pour mieux assurer son secret, elle me le donna, et de ce moment, cessant tout-à-fait de s'y promener, et moi, de mon côté, ayant toujours le soin d'en emporter la clef, personne n'y vint plus, et ce petit enclos fut bientôt oublié. Ce fut la nuit au clair de la lune qu'elle consacra son arbre ; c'était au commencement de l'été · seul, je fus témoin de cette cérémonie religieuse. Après avoir, selon l'usage, invoqué à haute voix les dieux tutélaires des bois et des vergers, elle se tourna vers l'orient et fit une prière secrète. Cette prière fut longue ; la lune brillait et donnait sur son visage, et je remarquai qu'elle pleurait. . . . . Tout - à - coup le temps s'obscurcit ; bientôt le tonnerre se fit entendre. . . . . Célanire se rapprocha de moi ; je lui présentai les vases qui contenaient les libations sacrées ; elle répandit le lait et le vin au pied de l'arbre ; puis joignant les mains : O toi ! dit-elle, dont je ne connais que l'ame et la générosité, toi qui, sans doute, ignores jusqu'à l'existence de Célanire, magnanime guerrier, ma bouche ne t'exprimera jamais ce que je sens . . . . mais du moins, elle te bénira chaque jour. . . . Par ta vertu, semblable aux dieux immortels, et comme eux inconnu, tu seras l'objet de mon culte secret. . . . . Puisses-tu jouir d'un sort prospere ! et

si ton cœur sensible s'est donné, puissent tes vœux être entendus ! . . . . . .
Pendant ce discours l'obscurité devint si grande que je ne voyais plus Célanire qu'à la lueur des éclairs. Quand elle eut cessé de parler, elle grava l'inscription sur le tronc de l'arbre ; ensuite elle ôta la chaîne d'or qu'elle avait à son cou, et la nouant à une de ses tresses de cheveux qu'elle coupa, elle attacha cette offrande à une branche de feuillage. Dans ce moment, l'orage redoublant et le tonnerre éclatant avec violence, le jardin parut tout en feu. Célanire, saisie d'effroi, se laissa tomber dans mes bras : O Topal ! s'écria-t-elle, quels sinistres présages ! . . . C'était la fin de la tempête ; bientôt les nuages se dissipèrent, le ciel redevint serein, et je conduisis Célanire jusqu'à la porte de la maison. Depuis ce jour, Célanire n'a jamais manqué de venir, chaque matin, au lever de l'aurore, arroser l'arbre consacré (7). Enfin, son père l'appelant en France, elle fut obligée de quitter sa patrie. Le jour même de son départ, nous allâmes au petit jardin, comme à l'ordinaire. Elle était attendrie, et je pleurais : après avoir fait

les libations accoutumées, elle resta debout et immobile devant l'arbre, en le regardant fixement ; et après un long silence : Adieu, Topal, me dit - elle ; et ses larmes étouffèrent sa voix.....
Mais tout-à-coup, se rapprochant de moi : Ecoute, me dit-elle, je connais ton attachement et ta fidélité..... cet arbre m'est cher, il m'est douloureux de l'abandonner ; jure moi de ne quitter jamais ta chaumière, et de me suppléer chaque jour dans ce devoir religieux. J'en fis le serment (et chez nous un serment est inviolable et sacré). Je lui promis que je mourrais ici ; que jusqu'à mon dernier soupir, je cultiverais cet arbre, et que, lorsque je sentirais ma fin approcher, j'en détacherais son offrande que j'enfermerais dans une cassette, pour la lui faire remettre après ma mort. Elle parut satisfaite ; elle m'embrassa, et me força d'accepter une bourse pleine d'or ..... Tels furent nos adieux ..... Vous voyez à présent, continua le vieillard, pourquoi je crains d'être surpris dans ce jardin, et pourquoi j'y vais de si bonne heure. Je serais perdu, si l'on savait que j'ai dérobé à la haine des ennemis de Vitikind, un arbre consacré par sa fille....,

Quand les révoltés s’emparèrent de ce lieu, j’avais, comme ancien serviteur de Vitikind, tout à craindre de leur fureur. Je pouvais fuir ; mais lié par mon serment, je restai ; j’ôtai de l’arbre consacré l’offrande de Célanire ; je la cachai dans la terre ; je couvris l’inscription avec un peu de mousse, et je me tins tranquille dans ma cabane. Les révoltés arrivèrent. Heureusement pour moi, mes petits-fils vinrent avec eux ; ils m’obtinrent un traitement favorable. Cependant on me demanda la clef du petit jardin, pour voir s’il ne contenait pas quelqu’arbre consacré ; (car, comme je vous l’ai dit, on les abattit tous). On visita ce jardin ; on n’y vit rien de suspect, on me rendit ma clef ; et depuis ce temps, personne n’a demandé à y entrer. Je fus effrayé en vous voyant la première fois, parce que je portais, outre mon arrosoir, un vase de libations, et qu’un habitant du pays aurait pu remarquer qu’on n’emploie ces vases que pour des arbres consacrés. Tu peux juger, Isambard, de l’impression que produisit sur mon cœur un tel récit…. Je ne cachai point à Topal que n’ayant vu l’arbre de Célanire qu’un instant, j’avais un desir passionné de

le revoir ; et je le conjurai de me permettre de passer la nuit suivante dans
le jardin, et de m'y enfermer le soir
même. Je lui promis d'en sortir le lendemain matin, aussi-tôt qu'il viendrait
me chercher, et j'ajoutai que jamais je
ne renouvellerais cette prière. Topal
fit d'abord quelques difficultés ; mais
enfin, j'obtins son consentement. Trois
heures après le coucher du soleil, je
me rendis chez le vieillard, et il me
conduisit dans le petit jardin ; ainsi
que nous en étions convenus, il m'y
enferma et emporta la clef. Nous tou-
chions aux derniers jours de l'automne ;
le temps était frais, mais serein ; le
scintillement des étoiles, la clarté de la
lune, le calme profond qui m'environ-
nait, le parfum des fleurs, la nuit,
l'heure, le mystère, tout rappelait à
mon cœur un souvenir délicieux et
déchirant.... Les idées si chères que
me retraçait l'imagination, n'agissaient
que sur mes sens ; enivré, éperdu, je
n'en étais que plus infortuné. Au milieu
des plus douces et des plus vives sensations, un poids affreux oppressait mon
ame ; je ne retrouvais l'image du bonheur que pour mieux en sentir la perte ;
et l'enchantement irrésistible des illu-

sions qui m'entouraient, ne servait qu'à
rendre plus amers et plus profonds les
regrets d'un amour sans espérance. Le
trouble inconcevable que j'éprouvais,
me causait une telle distraction, que
je fis deux ou trois fois le tour du
jardin avant de rencontrer l'arbre consacré. Enfin je l'apperçus ; je m'arrêtai
en tressaillant ;.... je ne sais quelle
idée confuse me faisait craindre d'en
approcher....... je pressentais vaguement tout ce que j'allais ressentir ; je
me redoutais moi-même. Cependant je
m'avançai avec un saisissement inexprimable ; j'entendais le bruit léger de
la chaîne d'or suspendue aux branches
et doucement agitée par le vent. Ce
faible son retentit jusqu'au fond de
mon ame...... J'apperçus la longue
tresse de cheveux...... Je m'approchai ; je me mis à genoux sur un petit
siége de gazon qui se trouvait au pied
de l'arbre. Dans ce mouvement, les
cheveux, qui se balançaient mollement
dans les airs , vinrent toucher mon
visage..... O superstition de l'amour !....
Cet effet si simple du hasard fut un
prodige pour moi ; il me sembla qu'un
pouvoir surnaturel animait ces cheveux, et que la sympathie leur donnait

la vie et le sentiment..... Je les saisis
avec un tel tremblement et une si violente palpitation de cœur, que j'étais
près de m'évanouir ; je les arrosai de
larmes, et je restai long-temps dans
cet état, privé de la faculté de penser,
de réfléchir, avec une demi-connais-
sance, mais profondément pénétré,
n'existant que pour aimer, et n'ayant
conservé que deux idées distinctes,
celles d'un amour insurmontable et
d'une absence éternelle. Enfin, reprenant peu-à-peu ma raison et mes
sens, je fixai sur l'arbre mes yeux inon-
dés de pleurs O Célanire ! m'écriai-je,
c'est ici, c'est la nuit, c'est à cette
heure même que vous avez consacré
cet arbre !.... Cette chaîne d'or, détachée de votre sein, ces cheveux sont
les vôtres ; ce fut votre main qui suspendit ces précieuses offrandes.......
Ici la piété filiale et la reconnaissance
ouvrirent votre cœur à l'amour ;.... ici
vous invoquiez le ciel pour moi ;....
ici vos pleurs ont coulé, je les faisais
répandre ; vous m'appeliez en vain ;
votre voix, vos vœux et vos regrets
se perdaient dans les airs..... et moi,
que faisais-je alors ?.... O pensée qui
confond mon imagination ! pensée in-

supportable ! vous m'aimiez et j'étais
insensible pour vous !... Ici vous n'é-
tiez occupée que de moi, et j'ignorais
votre existence, et mes desirs égarés
se portaient vers un autre objet !....
Ah ! sans doute je n'aimai jamais avant
de vous connaître !..... mais je profa-
nais le nom de l'amour, je croyais
parler son langage, et je ne vous avais
jamais vue !.... O ma Célanire ! malgré tout ce qui nous séparait, malgré
la haine et les sanglantes divisions de
nos nations ennemies, le sort a voulu
réunir deux cœurs formés l'un pour
l'autre..... il nous a rapprochés ; nos
ames se reconnurent et se confondirent
ensemble pour jamais, et ce fut en
vain ! tu m'as banni, et j'ai pu t'obéir !...
Si du moins il m'était possible d'espérer que le temps et l'absence pussent
te rendre le calme et la tranquillité !....
Mais toi qui consacras cet arbre, toi
qui fus capable d'un sentiment si exalté
pour un objet inconnu, l'oublieras-tu
cette nuit qui s'écoula si rapidement,
cette nuit que tu peux te rappeler sans
remords, cette nuit où ton amour obtint du mien tous les genres de sacrifices ?.... non, ce souvenir te pour-
suivra par-tout, je dois juger de toi

par moi-même ; non tu te consumeras en regrets superflus !..... Maintenant, à cette heure consacrée au repos, où es-tu ?.... Ah ! j'en suis trop certain, loin de goûter les charmes d'un paisible sommeil, tu veilles pour souffrir !.... je t'entends, tu me réponds !.... tu pleures, tu gémis, tu m'appelles sans espérance !....... et ce trait mortel enfoncé dans mon cœur, déchire aussi le tien !... ce tourment que j'endure, ce supplice affreux que chaque instant accroît, tu l'éprouves aussi !.... Cette idée cruelle me frappa si vivement, qu'elle me plongea dans un véritable désespoir ; je me levai, j'errai dans le jardin comme un insensé ; ma tête s'échauffant de plus en plus, je me représentai Célanire mourante, me demandant en vain, se plaignant de ma funeste obéissance..... A cette horrible image, se joignait l'accablante réflexion de la distance qui nous séparait.... Je voulais retourner en France ; je voulais partir sans délai, aussi tôt que Topal viendrait ouvrir la porte. Dans d'autres instans, prenant les fantômes de mon imagination troublée pour des pressentimens certains : Il n'est plus temps, m'écriai-je ! oui, l'état où je suis,

cette terreur surnaturelle que j'éprouve,
m'annoncent le dernier des malheurs !....
Alors mes gémissemens étouffaient ma
voix , j'enfantais mille projets sinistres..... , et je passai dans cet affreux
délire une partie de la nuit : ensuite je
tombai dans un profond accablement ;
je vins m'asseoir au pied de l'arbre.
Là , mes larmes recommencèrent à
couler , mais sans violence ; abattu ,
épuisé , je n'avais plus la force de
penser d'une manière distincte ; mon
imagination éteinte ne m'offrait plus
que des tableaux vagues et pour ainsi
dire effacés. L'attendrissement dispo-
sant mon ame à des impressions plus
douces , la mélancolie vint par degrés
la remplir toute entière. Etat plein de
charmes pour les cœurs infortunés ;
rêverie profonde , indécise , où la douleur se confond avec mille sensations
délicieuses , où l'on ignore si les larmes
que l'on verse sont arrachées par la tristesse ou par le sentiment !.....

Aussi-tôt que parut l'aurore, Topal
vint me tirer de cette espèce de léthar-
gie ; et lorsqu'il eut rempli le devoir
qu'il s'était imposé , nous sortîmes
ensemble. Le bon jardinier ne voulut
jamais renouveler la permission de me

laisser passer la nuit dans ce jardin ; il me rappela que j'avais promis de ne plus faire cette demande, et il fut inexorable à cet égard. Ce vertueux vieillard, plein de bon sens et de droiture, était, comme sont en général tous ceux de sa nation, d'une fidélité à toute épreuve dans ses engagemens ; et par une conséquence naturelle de ce caractère, il était inflexible dans ses refus. Il consentit à me mener les matins avec lui dans le petit jardin, mais seulement de temps en temps, et jamais deux jours de suite. Dans ces promenades, mes desirs, qui variaient au gré d'une imagination et d'une passion également impétueuses, se portèrent tout-à-coup sur un objet qui fixa toutes mes idées ; il me sembla que cette offrande si précieuse, ces cheveux de Célanire, m'appartenaient ; ils m'avaient été consacrés, et j'étais aimé ! Quels droits plus incontestables ! Mais comment décider Topal à me faire un tel don ? J'avais bien pu lui confier le secret de mon cœur ; je ne pouvais lui révéler celui de Célanire. Il reconnaissait en moi le libérateur de Vitikind ; mais ses lumières naturelles (et il en avait beaucoup) lui feraient sentir que la piété filiale avait consacré les cheveux , et que l’amour seul pouvait déterminer à les donner. Cependant j’essayai de l’amener à ce que je souhaitais avec tant d’ardeur, et je mis à cette tentative toute l’adresse dont j’étais capable : je lui parlais sans cesse de Célanire. Cet entretien lui plaisait ; je remarquai même qu’il me savait gré de la passion que j’avais pour elle , et qu’il m’en aimait davantage. Cette disposition me parut d’un favorable augure ; et après beaucoup de préparations, je hasardai ma demande. Il m’écouta d’un air calme et sévère ; et quand j’eus cessé de parler : Non, me dit-il, jamais ! j’ai fait le serment de garder ces offrandes ; j’ai risqué ma vie et je l’expose tous les jours pour les conserver : je ne dois et je ne puis les rendre qu’à Célanire elle-même. Vous devez sentir , poursuivit-il , que je ferais une action doublement criminelle de les laisser prendre à celui qui a pour Célanire un amour qu’elle ne peut partager , puisqu’elle a donné sa foi à un autre : ainsi ne m’en parlez plus ; vous savez que ce dépôt religieux m’est plus cher que mon existence , et que rien dans l’univers ne pourrait me faire trahir l’engagement sacré que j’ai pris. Ce refus ferme et positif ne me laissa nulle espérance ; mais je n'en conservai pas moins le desir ardent de devenir possesseur, à quelque prix que ce fût, d'une chose inestimable à mes yeux, et le seul bien auquel je pusse désormais prétendre. J'avais prévu la réponse de Topal, et cependant elle m'aigrit, me révolta ; je trouvai sa rigidité injuste et barbare : mais je dissimulai, et je ne m'occupai plus que des moyens de ravir ce qu'il me refusait si impitoyablement. Après beaucoup de réflexions, je me décidai à escalader la palissade du petit jardin pendant la nuit. Cette entreprise n'était pas sans difficultés et sans péril ; mais j'avais la tête trop exaltée sur ce point, pour que rien pût m'arrêter. Je me munis d'échelles de cordes ; je me rendis à minuit à la porte du petit jardin ; je jetai mes échelles : tout me réussit. Je passai avec beaucoup plus de facilité que je ne l'avais imaginé. Je volai à l'arbre consacré ; j'en détachai avec transport la tresse de cheveux. Dans ce premier moment, ce succès, cette conquête me causèrent un mouvement de joie inexprimable. Je revins sur-le-champ à la palissade, que j'escaladai tout aussi heureusement ; et sans perdre le temps, je rentrai dans ma maison. Là, moins troublé, moins ému, tranquille possesseur de ce que j'avais si passionnément desiré, je fus étonné de la révolution subite qui se fit en moi. Un sentiment pénible, une inquiétude vague amortissaient toute ma joie ; Topal me revenait à l'esprit ; je repoussais en vain l'importun souvenir de ce vieillard ; il m'était impossible de m'en distraire. Que dirait-il, lorsqu'au lever du soleil il appercevrait cet arbre révéré, objet de tous ses soins, dépouillé de son plus précieux ornement ! Comment soutiendrais-je ses reproches, et sur-tout sa douleur ! Prendrais-je le parti de m'y dérober, de fuir et d'abandonner l'asyle si cher que j'avais choisi ? Mais comment laisser ce malheureux vieillard accablé de chagrin !..... car je ne pouvais me dissimuler que sa superstition et sa fidélité à son serment exciteraient en lui le plus violent désespoir ! Quels droits devaient lui donner sur mon cœur, son âge, sa vertu, la confiance qu'il m'avait montrée, et son attachement pour Célanire !..... Et cependant j'allais porter la désolation dans son ame ; j'allais le forcer de maudire celui auquel l'arbre de Célanire était consacré !..... Et Célanire elle-même, si elle connaissait cette action, l'approuverait-elle, pourrait-elle même l'excuser ? Ces réflexions me pénétrèrent ; je ne pouvais concevoir qu'elles ne se fussent pas présentées plutôt à mon imagination ; et bientôt elles fixèrent toutes mes incertitudes. Deux heures avant le jour, je sortis, et je me rendis dans la cabane de Topal. Je frappai doucement à sa porte. Le bon vieillard dormait encore ; mais sa servante, reconnaissant ma voix, vint ouvrir. Je pris la lampe qu'elle tenait, et j'entrai dans la chambre de Topal, que je trouvai dans son lit. Surpris de me voir à une telle heure, il me faisait mille questions à-la-fois. Je m'approchai de lui ; et mettant un genou en terre : O respectable vieillard ! lui dis-je, les passions ne dérangent point le cours uniforme de ta vie innocente et paisible, les remords ne troublent point ton sommeil..... tu dormais..... et je veillais...... Chaque soir ton cœur s'applaudit de l'emploi d'une journée consacrée à la vertu, et le mien se reproche une mauvaise action..... je viens la réparer. Tiens, poursuivis-je, en lui présentant

présentant la tresse de cheveux ; tiens, excuse la jeunesse et pardonne à l'amour. A ces mots, la surprise et le saisissement rendirent le vieillard immobile ; il regardait fixement les cheveux, et ne répondit rien ; mais j'apperçus quelques larmes qui coulaient doucement sur ses joues ; enfin, levant les yeux sur moi : Jeune insensé, me dit-il, connais toute l'étendue de ta faute ! si j'eusse trouvé mon sorbier dépouillé, et par toi .... ce jour serait le dernier de ma vie, et tout mon sang versé de ma propre main au pied de l'arbre, eût été ma dernière libation !... Ces paroles me glacèrent d'un tel effroi, qu'elles m'arrachèrent un cri lamentable. Topal attendri, me tendit les bras ; je m'y précipitai en pleurant, et j'y reçus avec délices et mon pardon et les bénédictions de ce vieillard vénérable.

Olivier, dans cet endroit de son récit, s'arrêta, parce que le bruit causé par la tempête qui s'élevait en croissant toujours depuis quelques instans, permettait à peine de s'entendre ; le ciel était couvert de nuages d'un rouge foncé qui, en se réfléchissant dans le lac, donnait à ses eaux l'aspect affreux d'un fleuve de sang ; cette onde si tranquille une heure auparavant, était alors violemment agitée, elle mugissait comme la mer ; à ce bruit lugubre s'unissaient les sifflemens aigus d'un vent impétueux, et de longs éclats de tonnerre prolongés encore par les échos des rochers ; de brillans éclairs qui sillonaient les cieux, répétés dans les eaux, offraient à chaque instant l'image de la foudre tombant dans le lac...... Mais un spectacle plus intéressant vint fixer toute l'attention de nos deux voyageurs, comme nous le verrons dans le chapitre suivant.

CHAPITRE XV.

Le Naufrage.

O the pleasure of descending with ease, innocence,
and resignation !
Paméla, de RICHARDSON.
How bless'd is he who leads a country life
Unvex'd with anxious vares and void of strife!
DRIDEN.

LES deux frères d'armes, jetant les yeux sur la petite île qui était vis-à-vis d'eux, virent à travers les saules qui ombrageaient la chaumière, paraître tout-à-coup des femmes éplorées, suivies de plusieurs enfans qui poussaient des cris lamentables. Cette petite troupe s'approcha du rivage en regardant vers l'orient, et les Chevaliers du Cygne connurent qu'ils appercevaient de ce côté une barque prête à être submergée. En effet, Zemni accourut vers Olivier, lui dit qu'il y avait assez près du bord où ils étaient, un bateau chargé de deux hommes qui se trouvaient en danger de périr.

Comme les deux amis nageaient parfaitement, ils n'hésitèrent pas à voler au secours de ces infortunés. Ils se débarrassèrent promptement de leurs armes, de leurs cuirasses et de leurs boucliers, et suivirent Zemni, qui les conduisit à l'endroit d'où il venait ; là, les deux amis virent distinctement cette fragile nacelle luttant contre les flots, et contenant un vieillard qui paraissait être un pêcheur, et un jeune homme de la figure la plus intéressante, et décoré des marques de la chevalerie. Olivier lui cria de jeter son armure dans le lac ; mais, dans ce moment même, un coup de vent renversa la barque, et le Chevalier inconnu et son conducteur, qui ne savaient nager ni l'un ni l'autre, allaient être engloutis, si les généreux amis ne se fussent précipités dans le lac avec une telle rapidité, qu'ils atteignirent presqu'au même instant les deux malheureux prêts à périr. Isambard saisit le vieillard, et le ramena promptement à bord. Olivier fut au secours du jeune homme et eut beaucoup plus de peine, parce que la pesanteur de son armure l'entraînait, malgré ses efforts. Isambard, qui avait remis le vieillard entre les mains des écuyers, voyant l'embarras d'Olivier, se jeta une seconde fois dans le lac, et fut l'aider à sauver l'inconnu, qu'ils amenèrent enfin heureusement sur la rive. Dans ce moment, les cris redoublés qui partaient de la petite île firent retourner les deux amis, et ils virent les femmes et les enfans à genoux qui leur tendaient les bras et semblaient les remercier avec l'expression de la plus touchante reconnaissance. Zemni leur dit qu'il les avait vus dans cette attitude, depuis l'instant où les Chevaliers s'étaient précipités dans le lac. Le vieux batelier avait repris sa connaissance en touchant la terre ; mais le Chevalier inconnu était encore évanoui. Enfin, au bout d'un demi-quart-d'heure, il ouvrit les yeux, et bientôt il fut en état d'exprimer à ses libérateurs toute sa reconnaissance. Le vieux batelier leur avait déjà témoigné la sienne. Les écuyers et Zemni détachent leurs valises, en tirent du linge et des habits dont ils revêtirent le batelier et le jeune homme ; ensuite, on s'assit sur l'herbe, en attendant que l'orage, qui commençait à se calmer, fût tout-à-fait passé ; et le Chevalier inconnu prenant la parole : Seigneurs, dit-il, je bénirai à jamais un accident qui me fait jouir du bonheur de connaître deux

Chevaliers aussi généreux, qu'ils sont célèbres par leurs exploits et leur fidèle amitié. La vie m'est odieuse depuis long temps ; mais elle me sera moins à charge en me rappelant que vous avez exposé la vôtre pour me la conserver. Je m'appelle GIAFFAR : je suis sujet d'un prince de la Germanie, l'aimable et vaillant GÉROLD, comte de Bavière. Mes malheurs et un devoir sacré m'obligent à parcourir l'Europe, guidé par une faible espérance, et par un sentiment qui remplit toute mon ame ; je suis toujours errant. En passant dans ce lieu, j'ai voulu visiter cette petite île ; j'y ai trouvé tout ce que la vertu et l'hospitalité peuvent offrir de plus intéressant. J'y suis arrivé hier, et ne comptais en partir que demain. Ce matin les deux fils de ce respectable vieillard m'ont proposé une promenade dans une forêt, à deux lieues d'ici : nous sommes partis tous ensemble dans deux bateaux. Après une heure de promenade, je les ai laissés dans la forêt, et je suis revenu seul avec leur père. Comme nous approchions de l'île, l'orage nous a surpris..... Ici le batelier, interrompant Giaffar, conjura les trois Chevaliers de venir passer la nuit dans sa chaumière. Mes fils, poursuivit-il, vont sans doute bientôt arriver ; ajoutez à vos bienfaits, Seigneurs, celui de procurer à ma famille réunie le bonheur de recevoir nos libérateurs. Les Chevaliers du Cygne y consentirent, et ne purent s'empêcher de témoigner leur étonnement, de la manière dont s'exprimait ce batelier. Comme ils lui firent beaucoup de questions, le vieillard reprenant la parole : Ma naissance, dit-il, est assortie à mon état ; mais il est vrai que l'éducation et la fortune m'avaient mis dans une situation au-dessus de celle où je me trouve. Je suis né dans la fertile Aquitaine, d'une famille de cultivateurs, qui fut la plus riche de cette contrée. Mon père me fit faire des études, dont je profitai ; car plus j'acquis de lumières, plus j'aimai l'état où le ciel m'avait placé ; et pouvant en embrasser un autre, je m'y fixai par choix. A trente ans, possesseur de nombreux troupeaux et d'un vaste héritage, j'épousai la fille d'un laboureur, et je restai dans ma ferme ; mais je donnai à mes deux fils l'éducation que j'avais reçue moi-même, et ils adoptèrent mes sentimens et ma ma-

nière de penser. Aussi-tôt qu'ils furent
en âge d'être établis, je les mariai, et
nous restâmes tous ensemble sous le
même toit. Au sein d'une famille vertueuse et chérie, je goûtais le bonheur
le plus pur , lorsqu'une révolution funeste vint, sinon le détruire , du moins
le troubler pour long-temps. Notre souverain , (l'infortuné Hunaud, vaincu depuis par Charlemagne, et dépouillé de ses
états) , exerçait un pouvoir arbitraire
(*) dont on commençait à se lasser.
Il était despote par habitude , et non
par caractère ; il avait des mœurs et
des vertus, mais il manquait de lumières, et il se laissait gouverner. Changeant souvent de conseillers et de mi-
nistres, et toujours guidé par eux , il
fit une infinité de démarches d'autant
plus dangereuses, qu'elles n'avaient aucune liaison entr'elles , et que , souvent même , elles étaient contradic-
toires. L'épuisement de ses finances lui
donna l'idée de former de nombreuses
assemblées de ses sujets, pour leur ex-

(*) Hunaud , duc d'Aquitaine , fut en effet
vaincu par Charlemagne; il perdit ses états, et
périt misérablement, tué par ses propres sujets.
V. *Hist. de Charlemagne* , par *M.* GAILLARD.

poser ses besoins et leur offrir des ré-
formes. Il proposait des lois ; mais il
demandait de l'argent. Un souverain
législateur , véritable image de la di-
vinité qui se montre sur la terre pour
éclairer les hommes , doit se présenter
sous les traits augustes d'un bienfaiteur désintéressé ; alors il est écou-
té, accueilli avec transport ; tout se réforme à sa voix puissante ; il a le
droit sublime de rétablir l'ordre , la
paix , de changer les mœurs ; il commande la vertu , et il est obéi. Il n'en
fut pas ainsi du malheureux Hunaud ;
on méconnut ses intentions , on déna-
tura ses motifs. Il offrait l'abandon de
quelques-uns de ses droits , et bientôt
on voulut les lui ravir tous , parce
qu'on n'avait attribué ses sacrifices qu'à
la nécessité , et qu'on douta toujours
de sa bonne foi. Des factions se for-
mèrent ; il en fut la victime. . . . . . .
Mais avant cette époque sanglante ,
que les amis de la justice et de l'humanité déploreront à jamais , les bons
citoyens (sur - tout dans le commencement de la révolution) se livrèrent
à l'espérance de voir s'établir un meilleur gouvernement. Pour moi , dans
ma retraite , je formais des vœux sin-

cères pour le bonheur du peuple, de
ma patrie et de mon souverain ; mais,
étranger aux affaires, ainsi qu'aux factions, je n'étais occupé que de ma famille, de mes enfans et de mes paisibles travaux. Bientôt je vis les partis
se former et s'aigrir. J'aimais la *liberté*,
ce qui m'attira l'aversion des partisans
de la cour ; mais je voulais qu'on fût
fidèle à ses premiers sermens, et le
parti contraire méditait déjà de les trahir. Je tolérai sans peine la diversité
d'opinions ; en même temps, je témoignai une constante horreur pour
l'intrigue, la perfidie et la cruauté ;
et cette impartialité qui ne s'est jamais
démentie, me valut la haine de tous
les partis. Le temps des factions est
celui de l'injustice et de la calomnie ;
je l'éprouvai ; je prévis enfin les maux
qui devaient accabler mon malheureux
pays. Cependant, l'infortuné Hunaud
régnait encore, quand je pris le parti
de m'éloigner de ma patrie. Quelque
temps après mon départ, on me pros-
crivit, et l'on confisqua tous mes
biens. Alors je me retirai avec ma famille qui m'avait suivi, dans cette petite île, dont nous sommes les seuls
habitans ; là, dans le sein d'une douce

union , loin des persécuteurs et des
méchans, nous ne regrettons de la fortune dont on nous a dépouillés, que
le pouvoir de soulager les malheureux ; et chaque jour nous affermît
dans la pensée que l'amitié, la paix
et la vertu sont les seuls biens réels.
Comme le vieillard finissait ce récit,
il apperçut un bateau sur le lac, dans
lequel il reconnut ses deux fils ; il
leur fit signe d'aborder sur la rive où
il était ; ils y vinrent aussi-tôt, et
l'on peut juger de la joie et de l'attendrissement qu'ils éprouvèrent en apprenant le danger qu'avait couru leur
père, et l'action bienfaisante des Chevaliers du Cygne. Comme la tempête
était entièrement dissipée, on ne songea plus qu'à passer le lac, pour se
rendre dans l'île. On n'avait de ce
côté qu'un bateau qui ne pouvait contenir que trois personnes ; et les Chevaliers voulurent que les deux jeunes
gens emmenassent d'abord leur père.
Nos Chevaliers eurent le plaisir de le
voir aborder dans l'île, où sa famille,
qui l'attendait sur la rive, le reçut
avec les transports de joie les plus
touchans. Les jeunes bateliers , revenant avec deux bateaux , passèrent en-

suite les Chevaliers : on envoya Zemni et les écuyers dans un lieu qu'on leur désigna, où Giaffar avait laissé la veille son écuyer et ses chevaux. Aussi-tôt que les Chevaliers eurent débarqué, ils se trouvèrent au milieu de l'intéressante famille du vieillard. Les jeunes femmes exprimaient leur reconnaissance avec cette éloquente effusion que le cœur seul peut inspirer. Cinq enfans d'une beauté ravissante, et dont le plus âgé n'avait que dix ans, entouraient les deux amis ; les plus jeunes baisaient leurs mains, les plus grands s'étaient jetés, en pleurant, dans leurs bras. L'un d'eux s'était élancé au cou d'Olivier, qu'il tenait étroitement embrassé ; et le vieillard et ses deux fils, baignés de larmes, considéraient ce spectacle en levant les mains au ciel, et en comblant de bénédictions les généreux Chevaliers. Quand ces premiers transports furent calmés, Giaffar proposa une promenade, qui fut acceptée. On parcourut la petite île, dans laquelle se trouvait une prairie, un verger et un joli jardin ; la maison était petite, mais commode et propre, et l'intérieur en était arrangé avec une élégante simplicité. On servit le souper dans une salle tapissée de nates de jonc, au milieu de laquelle était une grande table couverte d'excellens poissons, de laitage, de légumes et de fruits. Les Chevaliers et toute la famille se mirent à table, à l'exception des deux enfans aînés qui servirent les convives. Giaffar se plaça entre Isambard et Olivier. Giaffar inspirait un vif intérêt à Olivier, et sur-tout parce qu'il paraissait plongé dans une profonde mélancolie. Olivier avait examiné, avec une curiosité qu'il avait rarement depuis ses malheurs, la devise de son bouclier, sur lequel on voyait une plante étrangère qui s'élevait sur le haut d'une montagne, parmi les rochers. Autour de cet emblême, on lisait ces mots : *La trouver ou mourir !* Olivier n'osa en demander l'explication ; mais il fit plusieurs questions à Giaffar ; il s'informa du lieu où il comptait aller en quittant l'île. Je suis obligé, répondit Giaffar, de suspendre pendant quelque temps mes voyages, parce que les ordres de Gérold, mon souverain, m'appellent dans le duché de Clèves, où je resterai tant qu'il aura besoin de moi. Olivier et Isambard, qui avaient entendu parler confusément de cette entreprise, prièrent Giaffar de leur donner quelques détails à cet égard ; et Giaffar s'empressant de les satisfaire : Vous savez, Seigneurs, dit-il, que Gérold devait épouser Béatrix, duchesse de Clèves : le père de cette princesse, avant de mourir, avait arrangé ce mariage, qui ne fut d'abord formé que par la politique. Béatrix, seule héritière des états de son père, respecta ses dernières volontés, ratifia ce traité, et reçut Gérold à sa cour comme celui qui devait être son époux. Ce prince ne l'avait jamais vue avant cette époque ; il savait qu'elle était la plus belle princesse de l'Europe : mais il la trouva tellement au dessus de sa réputation, qu'il prit pour elle une passion dont jusqu'alors on ne l'avait jamais cru susceptible, car il était malheureusement aussi célèbre par ses caprices et son inconstance en amour, que par sa valeur et les agrémens de son esprit et de sa figure. L'amour, qu'il n'avait jamais traité sérieusement, se vengea cruellement de lui. Ce jeune prince, qui feignit si souvent des sentimens qu'il n'éprouvait pas, trouva dans Béatrix autant de froideur que d'incrédulité sur sa passion. La duchesse, prévenue contre lui, l'écoutait avec indifférence, et se contentait de répondre qu'elle serait fidèle à ses engagemens, s'il persistait dans le desir de l'épouser ; mais elle ajouta que, craignant la légéreté naturelle dont il avait donné tant de preuves, elle exigeait qu'il s'éloignât d'elle pendant une année entière ; et qu'au bout de ce temps, s'il revenait avec les mêmes sentimens, alors elle l'épouserait sans délai. Gérold combattit vainement cette résolution ; il fallut s'y soumettre : il partit, et voyagea pour se distraire. On dit que l'éloignement et l'absence ne firent qu'augmenter sa passion ; il envoyait sans cesse des courriers dans le duché de Clèves ; il ne parlait que de Béatrix, et ne parut occupé d'aucun autre objet : mais sur la fin de cette année d'épreuve, on le vit tout-à-coup plongé dans la plus profonde douleur ; et il écrivit à la duchesse, pour lui déclarer qu'il cessait de prétendre à sa main, sans lui expliquer les raisons d'un changement si subit et si étrange. Ce qu'il y eut de plus extraordinaire, c'est que, quinze jours après, Gérold se rendit à la cour de Béatrix, fut se jeter à ses pieds, et implora son pardon avec toutes les démonstrations de la passion la plus sincère. Béatrix le reçut avec dédain, lui dit qu'il l'avait dégagée lui-même, qu'elle était libre et qu'elle renonçait pour toujours à l'hymen. Quand Gérold eut perdu l'espoir de la fléchir, il se livra à toute l'impétuosité de son caractère; et ne pouvant plaire à celle qu'il aimait, il résolut de conquérir par la force l'objet qu'il ne pouvait obtenir par la séduction. Il retourna dans ses états, afin d'y rassembler des troupes. Pendant ce temps, les princes voisins de Béatrix, sachant que son mariage était rompu, s'empressèrent de lui offrir des hommages et des vœux qui ne furent pas mieux écoutés que ceux de Gérold. La plupart de ces princes rebutés, témoignèrent un vif ressentiment; et l'indifférente et fière Béatrix, dédaignant et écartant tous les amans, se vit bientôt entourée d'ennemis puissans et dangereux. Dans ces entrefaites, Gérold arriva avec une petite armée. Son intention était d'assiéger la duchesse dans son château; mais les princes ses rivaux s'y opposèrent: il y eut plusieurs combats entre eux. Alors la duchesse écrivit à Gérold et aux principaux chefs, pour demander une trève de six mois; ne s'engageant point à prendre l'un d'eux pour époux au bout de ce temps, mais promettant d'y penser, et de rendre à ce sujet une réponse positive. Cette lettre qui donnait quelque lueur d'espoir à ses amans, produisit l'effet qu'elle en attendait. La trève fut accordée, et chacun se retira ; mais on sut bientôt que la duchesse faisait augmenter les fortifications de son château, et qu'elle y recevait beaucoup d'étrangers. Alors se forma contre elle une ligue puissante, dont Gérold est le chef. Il convint avec ses rivaux, qu'au bout du temps prescrit, on se rendrait, avec des troupes réunies, dans le duché de Clèves ; qu'on sommerait Béatrix de faire un choix parmi les Princes et Chevaliers confédérés ; que dans le cas de refus, on assiégerait le château ; et que lorsque Béatrix serait vaincue, on la forcerait à nommer un époux, mais en lui laissant toujours la liberté du choix. Tous les confédérés ont fait le serment de respecter ce choix, quel qu'il soit, et de s'y soumettre sans murmure. Gérold, distingué par tant de brillans avantages, se flatte que Béatrix, réduite à cette extrémité, ne balancera pas entre ses rivaux et lui. La trève expire dans deux mois. Appelé par mon prince, je dois me rendre, à cette époque, dans le duché de Clèves; j'y resterai tout le temps du siége, et ensuite je reprendrai mes voyages. Eh quoi! Seigneur, dit Isambard, vous irez grossir le nombre des ennemis de cette illustre princesse? Je conviens, répondit Giaffar, que l'entreprise de Gérold est injuste; cependant il avait reçu la foi de Béatrix: un moment d'erreur pouvait-il la dégager d'une parole si solennellement donnée? Le procédé de Gérold fut sans doute offensant, mais la cause en est ignorée; et ce qui est certain, c'est qu'il n'a jamais cessé d'adorer Béatrix; il l'aime éperdument. L'amour excuserait à mes yeux de plus grands torts que les siens; d'ailleurs je connais sa générosité; je suis sûr que Béatrix, humiliée et vaincue, disposera souverainement de lui, et que Gérold mettra sa gloire à la laisser maîtresse absolue de son sort: il ne veut pas être rejeté; mais il est assez grand pour se sacrifier lui-même. Cet entretien se prolongea jusqu'à l'instant où l'on alla se coucher; on conduisit les Chevaliers du Cygne dans la petite chambre qu'on leur avait préparée, et lorsqu'ils furent seuls, Isambard voyant son ami retomber dans son accablement ordinaire : Cher Olivier, lui dit-il, voilà une journée qui sans doute a suspendu le sentiment de tes maux ; deux hommes nous doivent la vie, et deux hommes intéressans ! une famille vertueuse te bénit ! tu as fait une bonne action. Moi ! interrompit Olivier, une bonne action, en exposant mes jours !..... grand Dieu !.... crois-moi, quand nous nous jetâmes dans le lac, tu fus seul généreux, toi dont la vie est si pure !.... Olivier, reprit Isambard, la tienne est précieuse encore, puisque tu peux en faire un emploi si bienfaisant, et que celle d'un ami s'y trouve attachée ; ton cœur n'a pu être insensible aux scènes touchantes dont nous avons été témoins ; j'ai vu couler tes larmes .... — Oui, j'ai pleuré en embrassant cet étranger rendu à la vie, j'ai pleuré !..... je pensais à elle..... je me disais, si elle existait, je m'enorgueillirais d'avoir bravé un tel danger, elle l'apprendrait...... et elle m'en eût aimé davantage !...... — Songe, mon ami, songe au moment où nous sommes entrés dans cette île, où ces charmans enfans nous entou-

raient et nous prodiguaient leurs inno-
centes caresses.... Ah ! que me rappelles-tu, si tu savais ce que je souffrais
en serrant contre mon sein ce jeune
enfant ! .... le croirais-tu ? la vue d'un
enfant me perce le cœur ! .... je fus
époux ! si du moins il me restait d'elle
un tel gage !..... mais il ne survit
d'elle que sa juste vengeance !.... le
crime, le remords, le châtiment et le
désespoir, voilà tout ce que l'amour
m'a laissé !.... Isambard, l'attendrissement, les douces émotions sont faites
pour ton ame, mais il n'en est plus
pour ton malheureux ami ! je suis dans
cet état funeste, où le poids d'une
souffrance insupportable ne permet plus
de se distraire un seul instant de soi-
même ; c'est le juste supplice des cou-
pables de ne pouvoir se fuir, de ne
pouvoir s'oublier un moment..... Je
rapporte tout à moi-même ; et compa-
rant tout à ma situation, les plus touchantes images de la vertu, de la paix
et du bonheur ne m'offrent que des
contrastes accablans ; j'envie jusqu'au
destin des hommes qui se trouvent les
plus malheureux : hélas ! quelle infortune peut approcher de la mienne !....
par exemple, cet étranger qui se plaint

si amèrement de son sort, il a, dit-il,
une faible espérance, et il gémit !....
Après avoir ainsi exhalé sa douleur,
Olivier tomba dans une profonde et
sombre rêverie, qui précédait toujours
d'une heure ou deux le moment où il
devait se mettre au lit : alors ses larmes
s'arrêtaient tout-à-coup, une attente horrible faisait succéder la terreur stupide
aux bruyans éclats du désespoir ; il paraissait ne plus entendre, ne plus voir
Isambard ; l'infortuné avançant lui-même
son supplice, se représentait et voyait
déjà le spectre affreux qui ne devait paraître qu'à minuit !.... Isambard, immobile comme lui, loin de s'accoutu-
mer à un tel spectacle, en était chaque
jour plus frappé et plus profondément
attendri ; il le regardait en silence, il
pleurait, il invoquait le ciel pour lui, et
c'est ainsi que se passaient toutes les
soirées.

CHAPITRE XVI.

Le Peuple.

La faveur populaire est un flux et reflux ;
Toujours blâme excessif, ou bien louange outrée ;
On n'en saurait prévoir la cause et la durée.

DUFRESNY.

LES Chevaliers du Cygne, malgré les vives instances de leurs hôtes, ne voulurent pas prolonger leur séjour dans l'île ; Giaffar en partit avec eux, et les accompagna jusqu'au lieu où ils devaient trouver leurs écuyers et leurs chevaux : là, après avoir renouvelé les plus tendres protestations de reconnaissance et d'amitié, Giaffar les quitta, et les deux amis poursuivirent leur route. L'histoire de Béatrix avait vivement intéressé Isambard, il en reparla à Olivier, et ce dernier voyant qu'il éprouvait un extrême desir d'aller offrir ses services à cette princesse, lui dit qu'il irait volontiers avec lui. Cette proposition ravit Isambard, et il fut convenu qu'ils s'y rendraient avant l'expiration de la trêve, et qu'ils dirigeraient leurs voyages en conséquence. Ainsi, les Chevaliers s'arrêtèrent dans une maison de paysan, qu'ils trouvèrent sur le grand chemin. Après y avoir fait un repas frugal et champêtre, ils allèrent dans un petit bois, où Olivier reprit ainsi la suite de son histoire.

J'en suis resté au sacrifice que je fis à Topal de la tresse de cheveux que j'avais enlevée du petit jardin ; de ce moment le bon vieillard me témoigna une affection et une confiance sans bornes, car le jour même il me donna une clef du jardin ; je la reçus avec transport, me promettant bien d'aller passer toutes les nuits au pied de l'arbre consacré ; et en effet, chaque matin Topal, en venant l'arroser, m'y retrouvait encore. Un jour que, suivant ma coutume, je rentrais chez moi au lever de l'aurore pour prendre quelques heures de repos, je fus étrangement surpris de voir ma maison investie par une troupe de gens armés ; aussi-tôt qu'on m'apperçut, on s'écria : *Le voilà, le voilà*, et en même temps l'on vint à moi. J'étais seul et sans armes, je n'avais nul moyen de défense ; on me saisit, on me charge de chaînes, et l'on

m'entraîne loin de ma demeure. Le tumulte était si grand, qu'il me fut impossible de me faire entendre et de savoir pourquoi l'on me traitait ainsi. On me conduisit dans une vaste enceinte remplie de peuple, et là nous nous arrêtâmes, et je compris que ce lieu était le tribunal public où se rendait la justice ; j'apperçus sur une estrade très-élevée un vieillard assis, d'un aspect farouche et sévère, qui imposa silence à la bruyante assemblée, et me fit approcher. Etranger, me dit-il, quel est votre pays, quel est votre nom ? Par quel droit m'interrogez-vous ? repris-je. — Comme magistrat et chef de ce canton, répondit-il, et comme votre juge. — Dans ce cas, je dois vous déclarer la vérité, répondis-je ; mon nom est Olivier, la France est ma patrie. A ces mots une clameur universelle s'éleva ; *c'est un espion*, s'écriait-on de toutes parts, *c'est un agent de Charlemagne et de Vitikind.* Le magistrat fit cesser cette rumeur, en frappant trois fois dans ses mains, et se tournant vers moi : Etranger, me dit-il, tu viens toi-même de prononcer ta propre condamnation ; un Français caché dans ces lieux doit subir la mort, et la justice
populaire

populaire et nationale t'y condamne
par ma voix. Comme il achevait de
prononcer ces paroles, tous les spectateurs agitèrent leurs armes en les
frappant à grands coups, et en mêlant
à ce bruit belliqueux, des cris aigus
et redoublés, car c'est ainsi que ce
peuple sauvage exprime son approbation et sa joie (8). Plus surpris d'une
telle férocité que de la sentence même,
je restai un instant immobile ; ensuite
je demandai la parole. Je l'obtins ; et
m'adressant à la multitude qui m'envi-
ronnait : Eh quoi ! dis-je, vous préten-
dez aimer la liberté , vous combattez
pour elle, et vous violez les droits les
plus sacrés de la justice et de l'hospitalité ! vous traitez un homme qui vous
est suspect, comme s'il était convaincu
d'un crime ! vous arrêtez, vous chargez
de fers un étranger , sur une simple
délation ; et sur des soupçons vagues,
vous le condamnez à la mort ! Que
feraient de plus les despotes et les tyrans ? Vous pensez que les troubles et
les factions autorisent de tels excès.
Ainsi donc, selon vous, le péril et la
crainte justifient tous les crimes ! ainsi
donc, pour secouer le frein des lois,
il suffira parmi vous de supposer des

complots imaginaires , ou d'éprouver
des terreurs sans fondement ! Eh ! de
quel usage seront donc les plus précieuses des vertus, la sainte humanité,
la générosité , la clémence , si l'on y
renonce dans les temps orageux , puisqu'elles ne peuvent briller avec éclat
qu'au milieu des dangers et dans les
vicissitudes des succès et des revers ?
J'allais continuer ce discours, car j'avais
encore beaucoup de choses à dire,
lorsque je remarquai dans l'assemblée
un mouvement extraordinaire , et dont
je n'étais pas l'objet. Tous les regards
se tournèrent du côté de la porte d'entrée ; et bientôt je vis la multitude se
presser, s'ouvrir et donner passage à
une jeune personne qui s'avançait avec
précipitation. En jetant les yeux sur
elle , je la reconnus à l'instant ; c'était
la belle Ordalie. Elle fut se jeter aux
pieds du vieillard , en s'écriant : O mon
père ! quand je me suis trouvée dans
vos bras, vous avez béni le généreux
inconnu qui avait sauvé l'honneur et
les jours de votre fille. Eh bien , le
voilà ; cet étranger est mon libérateur.
Je réponds de lui , poursuivit-elle , en
s'adressant au peuple ; je sais que, malheureux dans son pays , il n'est venu

chercher ici que la solitude et l'obscurité. Il est innocent, il est vertueux :
je demande qu'on lui rende la liberté,
et c'est n'implorer pour lui que la justice. A ces mots, le vieillard se levant :
Peuple ! dit-il, si vous l'approuvez,
j'absous cet étranger. *Oui ! oui !* s'écria-
t-on unanimement. Au même instant, on
s'empresse autour de moi, on délie mes
chaînes, on m'enlève, et l'on me porte
en triomphe hors de l'enceinte. Au
bruit de mille acclamations et d'applaudissemens universels, on me conduisit
ainsi jusques dans ma maison. Quand
la foule se fut retirée, je vis tout-à-
coup entrer Topal dans ma chambre,
qui se jeta à mon cou en pleurant, et
m'apprit que c'était lui qui avait instruit
Ordalie du danger où j'étais. Il savait
qu'elle était revenue la veille de sa
maison de campagne ; et quoiqu'il
ignorât mon aventure avec elle, il s'était
flatté de l'intéresser au sort d'un étranger si cruellement opprimé. Aussi-tôt
qu'il m'eut dépeint, elle ne douta pas
que cet étranger ne fût son libérateur,
et elle se rendit sans délai au tribunal.
Elle était adorée de son père, qui avait
tout pouvoir sur ce peuple, qu'il gouvernait despotiquement. Ainsi Topal

fut rassuré sur moi, dès qu'il la vit décidée à faire la démarche qu'il sollicitait. Elle est venue dans ma chaumière, poursuivit Topal, m'annoncer elle-même votre délivrance ; mais en même temps elle m'a chargé de vous engager à quitter des lieux où règnent le trouble et la défiance, et dans lesquels vous ne pourriez séjourner davantage, sans vous exposer à de nouveaux périls. D'après cet avertissement, il fallut bien me déterminer à chercher un autre asyle ; et ne voulant pas différer un départ nécessaire, je retournai le soir, pour la dernière fois, dans le petit jardin. Au point du jour, Topal vint y recevoir mes adieux. Ce vertueux vieillard était si ému, qu'il lui fut impossible de proférer une seule parole ; mais il s'approcha de l'arbre consacré ; il en coupa une petite branche, et me la présenta : je la reçus avec attendrissement ; j'embrassai le bon vieillard ; il me tint long-temps serré contre sa poitrine. Enfin je m'arrachai de ses bras ; je sortis précipitamment du jardin : je fus retrouver mon écuyer ; nous montâmes à cheval, et nous partîmes à l'instant même. En traversant la grande place, j'y vis les

funestes apprêts d'une exécution sanguinaire qu'on y devait faire dans la
matinée : on élevait un bûcher ; et déjà
le peuple, avide de cet affreux spectacle, accourait de tous les côtés pour
en être le témoin. Mon écuyer m'apprit
que les malheureuses victimes qu'on
allait immoler, étaient une femme et
son fils âgé de dix-sept ans ; il ajouta
que ces infortunés, accusés d'avoir
conspiré, s'étaient sauvés ; que depuis
leur fuite, on avait prononcé contre
eux la sentence de proscription ; et
qu'enfin ils étaient retombés entre les
mains de leurs persécuteurs ; qu'on les
amenait, et qu'ils allaient subir le jugement qui les condamnait à la mort.
Comme mon écuyer achevait ce triste
détail, nous nous trouvâmes aux portes
de la ville. En les passant, le bon
Topal s'offrit à ma pensée, et je sou-
pirai en songeant que je le laissais au
milieu d'un peuple égaré, auquel d'ambitieux chefs avaient persuadé que le
règne de la liberté ne peut s'établir
que par l'intolérance et la terreur ; que
l'indulgence et l'humanité sont des faiblesses ; et que l'implacable vengeance,
l'ingratitude et l'impiété, sont des
vertus républicaines. Nous prîmes le

chemin qui devait nous conduire le plus promptement hors de ce canton. Nous avions déjà fait quatre lieues, lorsque nous apperçûmes une petite troupe qui venait à nous ; et bientôt nous distinguâmes une douzaine de gens armés et à cheval, qui conduisaient une femme et un jeune homme, qui l'un et l'autre étaient chargés de fers. Il ne me fut pas difficile de deviner que c'étaient-là les malheureuses victimes qu'on allait livrer à la mort. Je m'approchai de cette escorte, et j'interrogeai un des conducteurs, qui me répondit brusquement que l'on conduisait ces deux conspirateurs au supplice. Conspirateurs ! m'écriai-je, un enfant de dix-sept ans !..... Hélas ! Seigneur, reprit le jeune homme, ma mère n'est pas plus coupable que moi ; tout son crime est d'avoir nourri et élevé la fille de Vitikind..... Qu'entends-je ! m'écriai-je, ô jeune homme ! rassurez-vous, votre mère ne périra pas..... A ces mots, je m'adressai aux conducteurs, en leur ordonnant de rendre au moment même la liberté à leurs prisonniers ; ne voyant que deux hommes contre douze, ils ne me répondirent que par des menaces : alors je m'élançai sur eux , et , secondé vaillamment par mon écuyer , j'en renversai plusieurs , et les autres saisis d'épouvante , poussèrent les chevaux en avant. Le jeune captif , qui était à cheval , se trouvant débarrassé de son guide, s'approcha de moi ; je déliai ses chaînes et je lui donnai une épée : dans ce moment, la troupe qui s'était ralliée se retourna, et vint fondre sur nous ; le jeune homme fit des prodiges de valeur, il tua trois de nos adversaires, qui s'étaient à-la-fois jetés sur lui ; mon écuyer et moi nous en terrassâmes cinq , le reste prit la fuite. Aussi-tôt que le combat fut fini , le jeune homme courut se jeter dans les bras de sa mère , qu'on avait déposée et attachée au pied d'un arbre ; ensuite la mère et le fils vinrent se jeter à mes genoux ; je les embrassai avec autant de joie que d'attendrissement , et sur-le-champ je les fis monter sur un des chevaux de nos ennemis vaincus, et nous partîmes sans différer ; nous marchâmes avec toute la vîtesse possible jusqu'à l'approche de la nuit , où nous nous trouvâmes hors du canton des rebelles ; alors n'ayant plus rien à craindre, nous nous arrêtâmes dans une hôtellerie , où nous fûmes obligés de rester plusieurs jours , car mon écuyer était assez grièvement blessé. Le jeune homme , (qui est ce même Zemni , maintenant mon page), me conta que sa mère , attachée à sa patrie , et riche des bienfaits de Célanire , n'avait pas voulu la suivre en France ; que lorsque les rébelles s'étaient emparés du canton , elle en avait d'abord été oubliée dans la paisible retraite qu'elle habitait ; que peu de temps après , elle fut avertie qu'on allait l'arrêter ; qu'elle prit le parti de se cacher au lieu de fuir , mais que l'on découvrit enfin son asyle, comme je l'ai déjà dit. Je trouvais un charme inexprimable dans l'entretien de Zemni ; ce jeune homme , d'une figure si aimable , joint à beaucoup d'esprit naturel , une extrême sensibilité , le courage le plus brillant et une ingénuité pleine de graces : sa mère et lui me contaient mille détails intéressans de l'enfance de Célanire , et je ne me lassais pas de les leur faire répéter. Zemni me témoigna le desir qu'il avait de s'attacher à moi ; je le partageais , et nous convînmes qu'il conduirait sa mère en France , auprès de Célanire , qu'il instruirait de son aventure , et qu'en-

suite il reviendrait me retrouver, pour
ne plus me quitter, dans un lieu que
je lui désignai. En effet, tout s'exécuta
de la sorte : je donnai à Zemni et à
sa mère l'argent qui leur était nécessaire pour leur route ; ils partirent aussi-
tôt, et moi je me rendis dans le nouvel asyle que je m'étais choisi, emportant la douce idée que Célanire me
saurait gré d'avoir sauvé les jours de
sa nourrice et de l'intéressant Zemni,
et que sous deux mois je recevrais de
ses nouvelles par ce jeune homme.
Olivier termina là son récit, et le reprit le lendemain, comme nous le verrons dans le prochain chapitre.

CHAPITRE XVII.

Une Lettre.

Ce n'est plus une ardeur dans mes veines cachée,
C'est Vénus toute entière à sa proie attachée. ---
Phèdre , de RACINE.

Nos Chevaliers , le jour suivant , ayant pris des provisions avec eux , dînèrent dans un pré voisin d'une vaste forêt ; ils s'assirent sur l'herbe au bord d'un ruisseau , et après le dîner Olivier reprenant sa narration : Quelques jours après le départ de Zemni, dit-il , j'arrivai dans le lieu où je voulais m'établir ; là j'attendis le retour de Zemni, avec une impatience que chaque instant semblait accroître ; je comptais les jours, les momens ; je ne pouvais ni m'occuper ni me distraire d'une idée qui me dominait entièrement. Je passai de la sorte deux mortels mois , et Zemni ne revenait point ; alors le tourment de l'inquiétude se joignit aux agitations de l'impatience ; j'allais tous les matins sur le chemin par lequel devait arriver Zemni ; quoique nous fussions au milieu de l'hiver , j'y restais jusqu'à la nuit , et chaque soir j'en revenais désespéré. Ne pouvant plus supporter un tel état , j'étais presque décidé à partir moi - même pour la France , et à m'y rendre secrètement , lorsqu'un matin je vis tout-à-coup entrer Zemni dans ma chambre. Mon premier mouvement fut de m'élancer vers lui ; cependant craignant de trahir mon secret , j'eus la force de me contenir , et d'un ton assez tranquille , de lui demander des nouvelles de sa mère. Seigneur , me répondit Zemni avec un air de tristesse qui me frappa, je l'ai laissée avec Célanire , qui m'a chargé de vous remettre cette lettre. En prononçant ces paroles , il tire une lettre de sa poche , me la donne , et sort à l'instant : je restai pétrifié ; je tenais dans mes mains une lettre de Célanire , et cependant une terreur invincible , un pressentiment secret m'empêchaient de l'ouvrir ! cet écrit devait fixer mon sort , je le sentais , j'en étais certain. Célanire , qui m'avait expressément défendu de lui écrire , n'avait pas fait une telle démarche sans une cause extraordinaire et nouvelle ! mille

idées sinistres s'offraient à mon imagination et me glaçaient le sang ! . . . .
Enfin, sortant de la stupeur où la surprise et le saisissement m'avaient plongé,
je romps le sceau fatal, j'ouvre la lettre en frémissant. . . . . . La voilà cette
lettre, poursuivit Olivier en la tirant
d'un porte-feuille, lisez-la, mon cher
Isambard, et jugez de l'impression
qu'elle dut produire sur mon cœur !
À ces mots Isambard prit des mains
d'Olivier la lettre de Célanire, et lut
ce qui suit :

« C'en est fait, Olivier, je touche
» au moment où s'évanouissent toutes
» les vaines frayeurs qu'inspire la pru-
» dence humaine ; je n'ai plus rien à
» ménager, je n'ai plus rien à crain-
» dre, je me meurs ! . . . . . l'état où
» je suis me rend à moi-même, prête
» à quitter la vie, je reprends ma li-
» berté, et je veux te consacrer les
» derniers instans de mon existence.
» Hâte-toi, reviens, Célanire te rap-
» pelle, elle est mourante ; oh ! reviens,
» qu'elle puisse expirer sur ton sein !....
» Ne gémis point sur mon sort ; je
» n'aurais pas vécu pour toi, et je
» mourrai dans tes bras ! ... mes yeux
» se fixeront encore sur les tiens, ta

» main pressera la mienne!...... je
» pourrai te répéter encore que je
» t'aime, j'oserai même alors le dé-
» clarer publiquement..... alors plus
» de respect humain, plus de craintes
» frivoles, plus d'odieux mystères!
» La liberté sur la terre, proscrite et
» fugitive, trouve au moins un refuge
» sur le bord de la tombe!..... Dé-
» barrassée des chaînes pesantes de la
» vie, je pourrai donc avouer cet in-
» concevable sentiment qui remplit
» toute mon ame! je ne serai plus
» forcée de cacher ton amour, qui
» faisait tout mon orgueil! Je dirai:
» Olivier était mon amant, je l'ado-
» rais, il n'aimait que moi!.... Oh!
» si je pouvais emporter le titre glo-
» rieux de ton épouse!.... oui, c'est
» dans l'instant où les vastes champs
» de l'éternité s'ouvriront pour moi,
» que je dois promettre solennellement
» au créateur de t'aimer toujours! oui,
» c'est alors, c'est ainsi que cette ame
» immortelle qui fut formée pour toi,
» doit prendre un tel engagement.
» Viens donc, ô mon Olivier! viens
» recevoir ce serment sacré! ne diffère
» pas, songe que les jours de Célanire
» sont comptés.... et que jusqu'à ton

» retour elle en passera toutes les heu-
» res à t'invoquer, te desirer et t'at-
» tendre » !

A peine Isambard avait-il fini la lecture de cette lettre, qu'il entendit des
cris perçans qui partaient de la forêt ;
aussi tôt les deux amis se levèrent, ils
appelèrent leurs écuyers, ils remontèrent à cheval et entrèrent dans la forêt.
Nous verrons dans le chapitre suivant
ce qu'ils y trouvèrent.

———————

CHAPITRE XVIII.

Minuit.

. . . . . e chio chen te si vede
E cio che non si vede, o parli, o pensi,
O vadi, o miri, o pianga, o rido, o canti
Tutto e menzogna.

Pastor fido, du GUARINE.

. . . . . . The Sound that tells wath hour it is
Are clamourons groans that strike upon my heart !

SHAKESPEARE.

LES Chevaliers du Cygne dirigèrent leur course du côté d'où partaient les cris qui continuaient toujours, et qui paraissaient être ceux d'une femme : bientôt ils apperçurent de loin plusieurs hommes autour d'un arbre ; mais à leur approche, ces hommes s'enfuirent et se perdirent dans l'épaisseur du bois, et les Chevaliers virent alors une femme que ces brigands avaient attachée à l'arbre qu'ils venaient de quitter. Olivier et son ami descendaient précipitamment de cheval pour aller délivrer cette infortunée ; mais à peine Olivier eut-il jeté les yeux sur le visage de cette femme, qu'il recula en frémissant. Isambard, s'écria-t-il, secourez-la. En disant ces paroles, Olivier s'éloigne brusquement, ordonne aux écuyers de rester avec Isambard, s'élance sur son cheval, et suivi du seul Zemni, il disparaît à l'instant même. Cette action ne pouvait surprendre Isambard, puisqu'il venait lui-même de reconnaître Armoflède. C'était elle en effet. Isambard s'approcha, lui délia les mains, et d'un ton respectueux, mais très-froid, lui offrit ses services, et lui demanda ses ordres. Armoflède, malgré la joie que lui causait sa délivrance, n'était pas encore remise du trouble affreux où l'avait jetée la vue inopinée d'Olivier. Elle fut un instant sans répondre ; mais bientôt, reprenant toute son audace naturelle, elle pria Isambard de la conduire dans une hôtellerie où elle avait passé la nuit précédente, et dont elle lui indiqua le chemin. Tandis qu'elle parlait, Isambard, qui la regardait fixement, ne pouvait s'empêcher d'être fâché qu'une figure si remplie de graces, cachât une ame qu'on lui avait dépeinte si artificieuse et si noire. Le désordre de son habillement ajoutait encore à ses charmes ; ses longs che-

veux, plus noirs que l'ébène, étaient
détachés et flottaient sur ses épaules ;
ses bras nus, d'une blancheur éblouis-
sante, portaient encore la marque des
liens dont on venait de la délivrer ; et
la vive rougeur qu'une émotion violente avait laissée sur ses joues, donnait
à son teint l'éclat le plus brillant. Isambard, appelant les écuyers, fit approcher son cheval qu'il monta, en prenant Armoflède en croupe derriere lui.
Il fallait faire trois lieues, avant d'arriver à l'hôtellerie ; mais Armoflède fit
d'abord presque seule les frais de la
conversation. Elle conta qu'Adaigise
l'avait enlevée six mois auparavant ;
qu'elle s'était échappée de ses mains ;
que depuis ce temps elle voyageait ;
qu'en passant le jour même dans la
forêt, elle avait été attaquée par des
voleurs, et que ses gens avaient pris
la fuite. Elle termina ce récit en re-
nouvelant ses remerciemens à Isambard, avec les expressions de la plus
vive et de la plus tendre reconnaissance.
Comme Isambard ne répondit rien : Je
vois trop, Seigneur, reprit Armoflède,
qu'on vous a prévenu contre moi : cependant, si vous saviez la vérité !......
De grace, Madame, interrompit Isam-

bard, ne me parlez ni d'Olivier, ni de ce qui peut le regarder. Ce seul point excepté, je vous écouterai avec le respect qu'on doit à votre sexe ; mais je me suis imposé la loi de ne jamais souffrir que ceux qui sont brouillés avec mon ami me parlent de lui, alors même qu'ils m'assurent qu'ils n'en veulent pas dire de mal. A ces mots, Armoflède garda un profond silence. Isambard crut l'entendre pleurer ; elle retira une de ses mains qu'elle avait passée autour du corps d'Isambard. Il s'imagina, au mouvement qu'elle fit, qu'elle essuyait ses larmes. Au bout d'un moment, il vit reparaître cette main sur laquelle ses yeux se fixèrent malgré lui, car elle était d'une délicatesse remarquable, et d'une beauté parfaite. Cependant Armoflède soupirait et se taisait toujours ; et le bon Isambard, craignant de l'avoir traitée trop durement, crut devoir relever la conversation. Il lui fit une question indifférente. Armoflède répondit brièvement, avec un son de voix si doux et si plaintif, qu'Isambard, pour n'en être pas attendri, eut besoin de se rappeler l'histoire d'Olivier. En même temps, il fit la réflexion qu'Olivier ne lui avait pas encore détaillé ses sujets de plaintes contre Armoflède ; et qu'enfin il n'était pas impossible qu'étant aussi malheureux , il s'exagérât ses torts , ou que même il s'abusât sur sa conduite et sur son caractère. Ces réflexions et les soupirs d'Armoflède changèrent insensiblement le ton d'Isambard , et peu-à-peu l'entretien se ranima. Armoflède trouva moyen de dire à Isambard mille choses fines et flatteuses. Le jeune et loyal Chevalier ne s'avouait pas le plaisir secret qu'il goûtait à l'entendre ; mais il répondait avec une politesse qui ressemblait souvent à la galanterie : elle lui montrait tant d'esprit , qu'il ne pouvait résister au desir de lui donner bonne opinion du sien ; et l'envie de plaire étant presque réciproque des deux côtés , la conversation devint bientôt très-animée. On se rappela des anecdotes de la cour de Charlemagne ; on se ressouvint des fêtes et des tournois où l'on s'était trouvé ensemble. Armoflède n'avait oublié aucun des exploits par lesquels Isambard s'était signalé dans ces jeux guerriers ; elle les détaillait tous. Ensuite elle s'affligeait qu'Isambard n'eût jamais été de sa société particulière ; elle ajoutait que ce regret n'était pas nouveau, et qu'il n'en pouvait douter, s'il avait remarqué le plaisir extrême qu'elle avait toujours éprouvé en le rencontrant. En causant ainsi, le chemin parut très-court, quoiqu'Isambard eût extrêmement ralenti le pas de son cheval. On n'était plus qu'à une petite demi-lieue de l'hôtellerie, lorsqu'à l'entrée d'un bois, on vit tout-à-coup paraître un Chevalier, armé de pied en cap, ayant la visière de son casque baissée. Il n'eut pas plutôt jeté les yeux sur l'armure du Chevalier du Cygne, et apperçu Armoflède, qu'il poussa un cri terrible; et s'approchant la lance en arrêt : O le plus déloyal de tous les Chevaliers ! s'écria-t-il, vil imposteur ! C'est donc ainsi que tu n'avais nulle liaison avec cette femme ingrate et perfide !..... A cette action, à cette voix, Armoflède ne put méconnaître le fougueux Adalgise. Isambard lui dit de monter sur le cheval d'un des écuyers et de fuir sans délai, et qu'il allait combattre le prince Lombard. Si je suis vaincu, ajouta-t-il, du moins vous serez sauvée. Armoflède suivit ce conseil. Adalgise voulut s'avancer pour la saisir; mais Isambard l'en empêcha, et le combat le plus opiniâtre s'engagea aussi-tôt entr'eux. Adalgise, animé par la fureur et par le souvenir de sa défaite à la cour d'Irène, se battait avec le courage désespéré d'un homme qui veut à-la-fois rétablir sa gloire flétrie, et se venger d'un rival odieux. Le combat dura jusqu'au déclin du jour. Enfin, Isambard désarma son ennemi, qui n'avait reçu qu'une légère blessure. Prince, lui dit-il, votre lance est rompue, et votre épée est entre mes mains. C'est pour la seconde fois qu'elle s'y trouve ; et pour celle-ci, je la garde, car, en vous la rendant, vous voudriez recommencer un nouveau combat qui serait trop désavantageux pour vous, puisque vous êtes blessé, et que je ne le suis pas. Je vous exhorte à vous défier à l'avenir des apparences ; elles vous ont encore abusé aujourd'hui. Je ne suis point un imposteur ; je n'ai jamais été l'amant d'Armoflède. Des brigands l'avaient attaquée ; j'ai dû voler à son secours, la prendre sous ma garde, et ensuite la soustraire à votre fureur : d'ailleurs, je n'ai nulle prétention sur elle, et je vous en renouvelle ma parole la plus sacrée. Après ce discours, Isambard laissa le malheureux Adalgise, et prit le chemin de l'hôtellerie , comptant bien qu'il y retrouverait Armoflède , et desirant lui rendre compte de l'issue du combat qu'il venait de soutenir pour elle ; mais , en poursuivant son chemin, le souvenir d'Olivier revint à sa mémoire. La séduisante Armoflède n'étant plus à côté de lui , il se rappela tout ce qu'il lui avait dit d'elle ; il frémit en songeant qu'Olivier lui avait mille fois répété que cette femme artificieuse était la cause de tous ses malheurs ; et il pensa qu'il suffisait qu'Olivier en fût persuadé , pour que son ami ne dût avoir aucune espèce de liaison avec elle. Isambard , dont l'amitié fut toujours la première passion , se reprocha même d'avoir pu trouver tant de charmes dans l'entretien d'une personne qu'Olivier regardait comme sa plus mortelle ennemie ; et il se promit de s'enfermer dans sa chambre , en arrivant à l'hôtellerie ; de s'y reposer quelques heures ; d'en partir avec le jour , pour aller chercher son ami , non-seulement sans s'informer d'Armoflède , mais en évitant même de la voir , si elle était dans ce lieu. En effet, Isambard fut fidèle à cette résolution. A un quart de lieue de la petite ville où était l'auberge , il rencontra l'écuyer qui avait suivi Armoflède, et qui, envoyé par elle, revenait au-devant de lui. Il dit qu'Armoflède, établie dans l'hôtellerie, éprouvait les plus vives inquiétudes sur Isambard, et que, malgré l'excès de sa fatigue, elle n'avait pas voulu se coucher avant de savoir de ses nouvelles. En arrivant, Isambard lui envoya son écuyer, et fut aussi-tôt, suivant l'engagement qu'il avait pris avec lui-même, s'enfermer dans la chambre où son hôte le conduisit. Au bout d'un quart-d'heure, l'écuyer revint, et dit qu'Armoflède, en apprenant qu'Isambard venait d'arriver, et n'était pas blessé, avait fait éclater la joie la plus vive et la plus touchante. Elle s'est trouvée mal, continua l'écuyer ; ensuite elle a versé un torrent de larmes ; et enfin, elle m'a forcé d'accepter ce rubis qu'elle a tiré de son doigt, et qu'elle m'a offert avec tant de grâce, que je n'ai pu le refuser d'une si belle main. Il suffit, interrompit Isambard ; dites qu'on m'apporte à souper dans ma chambre, et que mes chevaux soient prêts à trois heures du matin : je partirai avant le jour. Il était sept heures du soir. Pendant son souper, Isambard fut d'une distraction qui ne lui était pas ordinaire. Comme on allait et venait, et qu'on ouvrait souvent la porte, il avait toujours les yeux de ce côté, comme s'il eût attendu quelqu'un ; et les écuyers, qui étaient tous les deux avec lui, s'étonnaient de le voir, pour la première fois, brusque et taciturne. A huit heures, il renvoya tout le monde, et, lorsqu'il fut seul, il se jeta dans un fauteuil ; ensuite il se leva, se promena avec agitation, et puis s'assit encore. Il était triste et mécontent, et il s'efforçait d'attribuer sa mauvaise humeur à l'inquiétude que lui causait Olivier, et au chagrin de s'en trouver séparé. Armoflède, malgré lui, se mêlait à ces différentes pensées : ce récit lui avait paru si vrai, si naïf !..... Armoflède s'était évanouie ; elle avait versé un torrent de larmes..... Après avoir su ce détail, n'aurait-il pas dû aller lui faire une visite, et lui demander s'il pouvait lui être encore utile ? N'était-ce pas même un devoir de bienséance ?...... Toutes ces idées tourmentaient Isambard ; mais bientôt, fixant sa pensée sur Olivier, il ne fut plus occupé que de lui, en songeant à la nuit qu'il allait passer, et qu'il aurait une nouvelle

raison

raison de maudire Armoflède, qui le privait de son ami dans les momens affreux où sa présence lui était devenue si nécessaire. A dix heures, Isambard, excédé de lassitude, se décide enfin à prendre quelque repos ; mais avec la certitude qu'il ne pourrait s'y livrer que jusqu'à minuit, et qu'aussi-tôt qu'il entendrait sonner cette heure fatale, l'image du spectre et du malheureux Olivier, ne lui permettrait pas de fermer la paupière. Il allait se jeter sur son lit, lorsqu'il entendit, dans un cabinet voisin, un fracas si extraordinaire, qu'il crut que le mur était écroulé. Une porte de ce cabinet, qui lui avait paru condamnée, donnait dans sa chambre ; il prit une lumière, et vit avec étonnement que la secousse avait fait entr'ouvrir la porte. Au même instant, il entendit des gémissemens. Plein de trouble et d'émotion....., il pousse la porte, il entre..... Quelle fut sa surprise, en voyant sur un lit fracassé, et au milieu des débris d'un plafond enfoncé, Armoflède couchée, presque nue, et paraissant mourante ! En l'appercevant, elle entr'ouvrit languissamment les yeux, et d'une voix éteinte : O ciel ! dit-elle, par quel miracle

venez-vous encore à mon secours !
Ah ! Seigneur, tirez-moi d'ici..... ; je
suis brisée..... ; je me meurs..... J'étais
couchée au-dessus de ce cabinet ; le
plafond tout-à-coup s'est écroulé.....
Jugez de l'état où je dois être ! Oh !
tirez-moi d'ici..... A ces mots, Isambard s'avance vers Armoflède, qui lui
tend les bras. Il la prend dans les siens,
la porte dans sa chambre et la pose sur
son lit..... Armoflède alors eut l'air de
s'appercevoir avec effroi qu'elle n'avait
pour tout vêtement qu'une simple che-
mise. Elle tira la couverture du lit,
pour s'en couvrir ; mais elle était si
faible, si souffrante, et elle mit à cette
action une telle mal-adresse, que ses
deux jambes nues restèrent entièrement
découvertes..... Isambard, plus troublé
que jamais, était debout et immobile
à côté d'elle. Ah ! Seigneur, lui dit
Armoflède, ce que je souffre est inconcevable ! Je crois avoir la jambe
droite cassée..... O ciel ! s'écrie Isambard, serait-il possible !..... En disant
ces paroles, il se met à genoux pour
y regarder mieux, et se rassure en
examinant de près la plus belle jambe
du monde..... Armoflède se plaignait
toujours ; et portant la main derrière sa

tête : Je suis sûre, dit-elle, que je suis blessée là ; de grace, regardez-y. Isambard détache le bonnet de nuit d'Armoflède. Aussi-tôt ses beaux cheveux se dénouent, et, se déployant sur le bord du lit, tombent jusqu'à terre. Isambard les partage, en les écartant doucement, et ne voit qu'un cou charmant qui, se découvrant au milieu de deux longues mêches de cheveux d'un noir luisant et foncé, offrait une blancheur plus éclatante que l'albâtre. Cependant Isambard apperçoit, sur le mouchoir qui couvre le sein d'Armoflède, quelques taches de sang, et il ne douta point qu'elle n'eût en effet une blessure à la tête. Aussi touché qu'ému, il proposa d'aller chercher des secours. Non, non, répondit Armoflède, je n'en trouverais point ici ; et le meilleur de tous pour moi, c'est la compassion du généreux Isambard..... Alors, se livrant à l'effusion de sa reconnaissance, elle lui dit les choses les plus tendres. Mes douleurs se calment, poursuivit-elle ; je me flatte à présent que cette horrible chute ne sera pas mortelle. Mais je me croyais expirante, quand vous êtes venu à mon secours ; et il m'était doux de penser que celui

qui a été deux fois mon libérateur dans
ce jour, recevrait mon dernier soupir....
Vous partez dans quelques heures.... ;
et vraisemblablement je ne vous reverrai
jamais..... Souffrez donc que mon cœur
se déploie..... J'ai eu des égaremens
et des torts, mais je suis incapable de
feindre et de trahir...., et je sais aimer....
Armoflède parlait d'un ton qui paraissait si vrai, ses yeux étaient animés
d'un feu si brillant et si expressif, elle
était si jolie, que peu d'hommes, à la
place d'Isambard, eussent été incré-
dules ; et lui, dont la tête était si vive
et le cœur si tendre, devait l'être moins
que tout autre : aussi, la sensibilité se
joignant à son émotion, il répondit de
manière à lui faire connaître toute l'impression qu'elle produisait sur lui. Il
était resté à genoux, et semblait s'être
oublié dans cette attitude ; il parlait
peu, mais ses yeux étaient fixés sur
Armoflède, et ses regards exprimaient
assez le trouble de son ame et le désordre de son imagination. L'entretien
devenant toujours plus tendre, Armoflède reparla du départ prochain d'Isambard ; elle soupira, et quelques larmes
s'échappèrent de ses yeux ; elle eut l'air
de vouloir les cacher. Isambard saisit
une de ses mains, et la serrant dans les

siennes : Je ne vous abandonnerai point
dans l'état où vous êtes, dit-il, et je
ne partirai que lorsque je serai parfaitement rassuré sur votre santé. Oh !
puissé-je ne jamais guérir ! s'écria Armoflède. A ces mots, Isambard, vivement attendri, baisa avec transport la
main qu'il tenait...... O mon cher
Isambard ! reprit Armoflède d'une voix
étouffée et tremblante, si vous pouviez
lire dans mon cœur !..... Ces paroles
achèvent d'enivrer Isambard. Armoflède le voit éperdu ; elle laisse tomber
sa tête sur son épaule, et elle se trouve
dans ses bras..... Dans ce moment, on
entendit sonner minuit (9)..... Isambard
frémit ; et se relevant brusquement,
d'un air égaré : O son funèbre ! s'écria-
t-il, ô malheureux !..... Il n'achève pas,
mais il court se précipiter dans un fauteuil à l'autre extrémité de la chambre,
en mettant ses deux mains sur son visage. Armoflède, pétrifiée d'étonnement, garde quelque temps le silence ;
ensuite elle le questionne, elle le rappelle, mais en vain : le charme était
détruit. Isambard, rendu à lui-même,
ne l'écoutait plus ; l'amitié fidèle offrait
à son imagination, le spectacle horrible
du fantôme et des tourmens d'Olivier.

Hélas ! se disait-il en lui-même, dans ce moment affreux mon malheureux ami me regrette….. ; et j'étais aux pieds de la dangereuse syrène qu'il croit l'auteur de son supplice !….. Cette réflexion fit couler ses larmes. Armoflède, qui le considérait avec une surprise que chaque instant augmentait, n'osait plus lui parler ; mais elle s'agitait, se plaignait, et tâchait, par ses gémissemens, de ramener sur elle l'attention d'Isambard. Tous ses efforts furent inutiles. Isambard, absorbé dans une douloureuse rêverie, se croyait au chevet du lit d'Olivier, et rien ne put le distraire de cette funeste image. La nuit entière se passa de la sorte. Enfin, Isambard, qui comptait toutes les heures, apperçut les premiers rayons du jour : alors il crut voir le spectre s'évanouir dans les airs ; il vit Olivier délivré, et il respira. Il se leva ; et, paraissant sortir d'un songe pénible, il se rapprocha d'Armoflède avec embarras, et, d'un air contraint, balbutia quelques mots entrecoupés. Armoflède, dominée par le dépit et par la plus violente colère, allait éclater, lorsqu'on entendit frapper à la porte à coups précipités ; ce qui parut très-extraordinaire d'aussi bonne heure. Armoflède avait compté pouvoir sortir

de la chambre , avant qu'on fût levé
dans l'auberge, et elle défendit à Isambard de répondre. Cependant les coups
redoublant avec une extrême violence,
on enfonce la porte ; et au même instant un homme armé s'élance dans la
chambre, et l'on reconnaît Adalgise
qui s'écria : Vous périrez, couple parjure.... Armoflède pousse un cri perçant ; et, au grand étonnement d'Isambard, elle saute légèrement du lit,
court vers le cabinet, y entre et en
ferme la porte sur elle. Isambard, qui
avait pris ses armes, se place devant la
porte pour défendre ce passage contre
Adalgise qui, bouillant de fureur, met
l'épée à la main. Isambard veut entrer
en explication, mais Adalgise, sans
l'écouter, se précipite sur lui, et le
combat commence. Isambard ne se
battait qu'à regret ; il sentait qu'en effet
les plus fortes apparences étaient contre
lui ; d'ailleurs, il savait qu'Adalgise
était blessé ; et plaignant ce malheureux
prince, il ne songeait qu'à parer les
coups, et il évitait d'en porter. Il y
avait plus d'un quart-d'heure que ce
combat durait, quand Isambard entendit plusieurs personnes qui accouraient
au bruit ; et bientôt il vit paraître l'hôte,

qui fit de vains efforts pour les séparer. L'hôte comprit, par les discours d'A-dalgise, le motif de sa fureur, et il lui cria plusieurs fois, qu'il était dans l'erreur ; que le Chevalier du Cygne n'*était pas coupable*, et que ce n'*était pas lui qu'il fallait accuser*. Au milieu de ce tumulte, tout à-coup on vit entrer un Chevalier, qui se jeta entre les deux combattans, (qu'on juge de la joie d'Isambard !) c'était Olivier. L'impétueux Adalgise s'échappe et s'élance encore sur son adversaire ; mais, dans ce moment, la blessure qu'il avait reçue la veille se r'ouvre. On voit couler son sang, et il tombe évanoui dans les bras d'Olivier, qui le porte sur le lit, et ensuite sort de la chambre avec son ami qu'il emmène. Isambard, avant de quitter l'auberge, voulut interroger l'hôte ; il le prit à part, et lui demanda ce qu'il avait prétendu dire, en assurant Adalgise qu'il *était dans l'erreur*. L'hôte parut embarrassé ; mais Isambard vainquit ses scrupules, en lui donnant quelqu'argent ; alors il découvrit le plus surprenant stratagême. Il conta que le cabinet voisin de la chambre d'Isambard, et qui se trouvait au-dessous d'un grenier, était écroulé depuis plus de huit jours ; qu'Armoflède avait couché la surveille dans cette même chambre que venait d'occuper Isambard, et qu'elle avait remarqué ce cabinet; qu'en revenant dans l'hôtellerie, elle avait engagé l'hôte à loger *le Chevalier aux armes blanches* (qu'elle attendait) dans cette chambre; qu'en même temps, ayant fait mettre un lit brissé dans le cabinet, elle s'y était établie, en prenant la précaution de fermer la porte de son côté, et de faire dreser contre le mur quelques planches qui, jetées par elle, devaient produire le bruit qu'Isambard avait entendu. L'hôte termina ce récit, en priant Isambard de lui bien garder le secret; car il avait, disait-il, promis à la jeune dame de ne jamais le révéler. Cette découverte excita la gaîté d'Isambard, et en même temps le confondit. Il ne concevait pas qu'on pût pousser aussi loin l'imprudence, l'artifice et l'imposture; et en effet, dans le siècle où il vivait, un-tel caractère n'était pas commun. Isambard bénit le ciel et l'amitié qui l'avaient préservé des piéges de cette femme, aussi méprisable que séduisante et dangereuse; il fut retrouver Olivier, et tous les deux quittèrent aussi-tôt l'hôtellerie.

M 5

CHAPITRE XIX.

Le retour.

Hélas ! de ses destins quel mortel est le maître !
Veuve du Malabar, de M. LE MIERRE.

LES Chevaliers du Cygne reprirent
la route du duché de Clèves ; et durant
le chemin, Olivier apprit à Isambard
qu'après la rencontre d'Armoflède dans
la forêt, il avait regagné la grande route,
et était arrivé à la ville où ils avaient
couché ; que là, imaginant qu'Isambard
y conduirait Armoflède, et y passerait
la nuit, il s'y était arrêté, mais n'avait
pas voulu loger dans la meilleure hôtellerie, pensant bien qu'Armoflède choi-
sirait celle-là ; qu'il s'était enfermé dans
un mauvais cabaret où il avait passé la
plus affreuse de toutes les nuits ; et
qu'une demi-heure après la naissance
du jour, il s'était rendu à l'hôtellerie.
Après ce détail, Olivier ne fit aucune
question à Isambard sur son combat
avec Adalgise, dans la crainte d'entendre parler d'Armoflède ; et Isambard

qui pénétra facilement sa pensée, garda
un profond silence sur toute cette aventure. A dix heures, les Chevaliers s'arrêtèrent dans un petit bois : là Olivier,
cédant aux desirs de son ami, reprit de
la sorte la suite de son histoire. Nous
en sommes restés à la lettre de Célanire que me remit Zemni. Tu l'as lue,
cette lettre si énergique et si touchante,
tu peux avoir quelque idée de l'état où
je fus après cette lecture.... Aussi-tôt,
sans perdre un seul instant, j'appelle
mon écuyer, je demande mes chevaux,
et je pars sans différer. Zemni était à
côté de moi, et je n'osais le questionner ; je redoutais ses réponses, et je
craignais de trahir aussi un désespoir dont
chaque réflexion accroissait la violence.
Cependant je crus devoir lui dire que
Célanire m'avait chargé de commissions
secrètes pour quelques amis qu'elle
avait en Saxe ; que j'avais des choses
importantes à lui dire de leur part, et
que tel était le motif de mon voyage.
Hélas ! Seigneur, reprit Zemni, en soupirant, hâtons-nous donc, car..... Il
n'acheva pas, il baissa tristement la tête,
et je vis couler ses larmes. Je frémis....
Ce peu de mots mettait le comble à
mes craintes mortelles ; et ne pouvant

ouvrir mon cœur, je poussai mon cheval en avant, afin de m'éloigner de Zemni, dont il m'était impossible de soutenir la vue. Après quatorze heures de marche, la lassitude de nos chevaux nous obligea de nous arrêter. Je m'enfermai dans une chambre ; et là, sans témoins je m'abandonnai à tout l'excès de ma douleur. Je repris cette lettre funeste et touchante ; je la relus à genoux, en versant des torrens de larmes. O toi ! m'écriai-je, toi dont l'existence m'est plus précieuse, dont le bonheur m'est plus cher que ton amour même, tu m'appelles, et je suis forcé de m'arrêter !..... Tu m'appelles, et, sur le chemin qui conduit vers toi, je suis condamné à rester immobile ici, pendant quelques heures !.... Ces heures, d'une mortelle longueur, ces heures perdues vont s'écouler sans me rapprocher de toi !.... Cette idée me désespérait ; je comptais tous les momens : tantôt, je marchais à grands pas dans la chambre ; tantôt je sortais pour m'informer de l'heure ; et trouvant tout le monde couché, je rentrais ; je me jetais sur une chaise ; je relisais sa lettre, je la baignais de pleurs ; mais au milieu de ces horribles anxiétés et de ces inquié-

tudes déchirantes , jamais je n'arrêtai
mon imagination sur l'idée du danger où
était sa vie ; cette affreuse pensée était,
pour ainsi dire, concentrée au fond de
mon cœur ; j'en sentais le poids insupportable , dans tous les instans ; mais
je la repoussais avec une sorte de superstition que je ne puis définir ; je
n'osais m'articuler à moi - même ces
mots terribles : *Elle n'est plus ; peut-
être elle mourra !* .... J'aurais cru prononcer un blasphême , et confirmer
mon malheur. Je versais des larmes de
sang , j'avais le tremblement et le bat-
tement de cœur inégal et convulsif
du désespoir ; et je me répétais qu'elle
s'abusait sur son état.... On s'exagère
souvent de légers chagrins ; mais dans
des maux extrêmes, on cherche à se
tromper ; et c'était sur-tout ce sentiment si naturel qui me rendait la présence de Zemni si pénible. Non seulement son air profondément affligé me
perçait l'ame, mais il m'inspirait encore
une sorte de colère que je pouvais à
peine contenir. Je voulais me faire illusion , et tout ce qui la détruisait m'irri-
tait et m'était odieux. C'est ainsi que
je passai tout le temps de ce cruel
voyage , que je fis avec une inconce-

vable rapidité. A mesure que j'approchais des lieux qu'habitait Célanire, je sentais s'accroître mon impatience et mes inquiétudes ; je desirais et je craignais également d'arriver, et cette contrariété de sentimens me jetait dans un trouble et dans une perplexité inexprimables. Nous arrivâmes au commencement de la nuit. Ne voulant point paraître avant d'avoir fait prévenir l'Empereur, je descendis dans une auberge, et j'envoyai Zemni au palais ; je m'enfermai en l'attendant, et je restai jusqu'à son retour dans un état impossible à décrire....... Enfin, au bout d'une heure, j'entendis sa voix au bas de l'escalier, et ce son de voix qui me parut ferme et naturel, suffit pour me rassurer, ou du moins pour ranimer toutes mes espérances. Je m'élance vers la porte, je me trouve sur l'escalier, j'apperçois Zemni qui me crie : *Elle vit, et elle est beaucoup mieux !.....* A ces mots, pénétré d'attendrissement, éperdu de joie, je tressaille, je chancelle et je tombe sans connaissance sur la rampe de l'escalier. Zemni me prend dans ses bras et m'emporte dans ma chambre. Je repris bientôt mes sens, et mon premier soin fut de tâcher d'éloigner les soupçons qu'une telle faiblesse devait donner à Zemni; mais il m'interrompit, en me disant : Je ne veux point pénétrer vos secrets; mais qui pourrait les mieux cacher que celui qui vous doit la vie, la liberté et le sort le plus doux?.... Il prononça ces paroles avec la sensibilité la plus touchante et la plus vraie; et depuis ce jour, sans lui ouvrir entièrement mon cœur, je cessai de me contraindre avec lui; jamais je ne lui ai fait de confidences, jamais il ne m'a fait de questions; mais je ne cherchai plus à lui dissimuler mes sentimens, et j'ai trouvé constamment en lui autant de fidélité que de réserve et de discrétion. Il m'apprit que Célanire l'avait chargé de me dire qu'elle me verrait le lendemain, sur le soir, chez Armoflède. Ce rendez-vous me surprit, mais Zemni m'apprit que Célanire était intimement liée avec Armoflède : il ne put d'ailleurs me faire aucun autre détail. Comme tu n'étais pas à la cour dans ce moment, je fus chercher Lancelot, que je priai d'instruire l'Empereur de mon arrivée. Ce prince ne m'ayant prescrit qu'un voyage de quelques mois, je me flattai qu'il ne désapprouverait pas mon retour; en effet Lancelot revint promptement me dire, de sa part, qu'il me recevrait le lendemain matin, et me reverrait avec plaisir. Lancelot me mit au fait des nouvelles de la cour; il me conta qu'on ne parlait que de la passion d'Eginard pour Emma, et qu'on assurait que la princesse, guérie des sentimens qu'elle avait montrés pour moi, partageait enfin ceux d'Eginard. Ici j'interrompis Lancelot, pour lui protester que jamais Emma n'avait songé à moi; mais je ne le persuadai nullement; et reprenant son discours : Tout le monde sait, dit-il, que vous avez sacrifié la fortune et l'ambition à la charmante Armoflède; elle-même n'en fait pas un mystère, et je connais plusieurs personnes auxquelles elle en a fait l'aveu. Vous concevez, poursuivit-il, que cette découverte n'a pas diminué l'ancienne inimitié qui régnait entr'elle et la princesse Emma; aussi cette dernière est-elle très-refroidie pour la fille de Vitikind, qu'elle aimait tant, et uniquement à cause de sa nouvelle liaison avec Armoflède. Mais, repris-je, comment s'est formée cette liaison? D'une manière fort simple, répondit Lancelot; Armoflède connaissait votre attachement pour Vitikind, et, touchée de l'amitié que ce grand homme a pour vous, a cru faire une chose qui vous serait agréable en rendant les plus tendres soins à sa fille, tombée dans une maladie de langueur qui a fait craindre pour sa vie. Armoflède a déclaré ingénument le motif qui la portait à rechercher Célanire ; elle l'a même dit à Vitikind, et bientôt connaissant mieux l'intéressante et belle Célanire, elle l'a aimée pour elle-même. Ce récit me causa une extrême surprise mêlée d'inquiétude vague et pénible. Il était évident qu'Armoflède en prévenant, en recherchant Célanire avec tant de suite et de soins, avait obtenu d'elle la confidence de tous nos secrets. Je voyais bien, à la vérité, que ces secrets n'avaient pas été trahis, et que même Armoflède prenait les précautions les mieux combinées pour les cacher ; mais je trouvais dans cette conduite un excès de générosité qui, malgré moi, m'était suspect. Armoflède avait eu mes premiers hommages ; brouillé avec elle par sa légèreté, ensuite rapproché d'elle par ses artifices, elle m'avait vu prêt à renouer l'engagement de notre première jeunesse, lorsque tout-à-coup je m'étais éloigné d'elle sans retour : je n'avais remarqué en elle ni dépit, ni aigreur, ni colère ; ainsi je ne pouvais attribuer un tel calme qu'à l'indifférence ou à la dissimulation. Si elle ne m'avait jamais aimé, les objets de mon attachement ne pouvaient avoir de droits sur son cœur, et si elle me regrettait, si mon changement l'affligeait, que devais-je penser de la tendresse qu'elle témoignait à sa rivale ? Ces réflexions jetèrent dans mon esprit tous les soupçons, tous les tourmens d'une défiance qui n'était que trop fondée, et corrompirent la joie que j'éprouvais de me retrouver près de Célanire, d'être rappelé par elle, et de ne plus craindre pour ses jours, car Lancelot m'avait confirmé le rapport de Zemni, en m'assurant qu'on n'avait plus d'inquiétude sur ma vie. Je passai une partie de la nuit à relire sa lettre ; cette lettre qui m'avait fait verser tant de larmes, ne contenait pas un mot qui ne dût alors augmenter mon bonheur : Célanire m'aimait plus que jamais, elle ne pouvait vivre sans moi, elle était décidée à me tout sacrifier, à tout braver, tout risquer pour moi !...... mais devais-je abuser de cet ascendant suprême que l'amour me donnait sur elle ?..... Sans doute elle allait mettre sa destinée entre mes mains. Je devais donc m'oublier moi-même, ne voir qu'elle, et lui donner tous les conseils de la raison et de la prudente amitié. Je m'arrêtai à cette résolution, et je me promis sur-tout de l'engager à ne prendre un parti décisif, qu'après une mûre et longue réflexion.

Le lendemain matin, je me rendis chez l'Empereur, qui me reçut avec une bonté qui confondit plus d'un courtisan; car la cause de mon départ et une absence de six mois, avaient fait présumer ma disgrace certaine et sans retour. L'Empereur me parla d'un tournoi dont il voulait donner le spectacle à l'illustre Egbert, ce roi fugitif qu'il avait si généreusement accueilli dans sa cour, et qui se disposait à partir pour l'Angleterre. L'Empereur ajouta qu'il comptait que je me mettrais sur la liste des combattans, desirant, dit-il, que ce jour de fête en fût un de succès et de gloire pour tous ses amis. Enfin, après m'avoir traité avec cette aménité pleine de grace et de franchise, qui le rend le plus aimable de tous les princes, il me congédia. Je fus m'enfermer chez moi; et là, seul avec la lettre de Célanire , n'ayant qu'un desir et une pensée, j'attendis l'heure du rendez-vous ; et aussi-tôt que la nuit fut tombée , je me rendis chez Armoflède. On me fit monter un escalier dérobé, qui me conduisit à une petite porte que mon guide ouvrit. J'entrai , et je me trouvai dans un cabinet où l'on me pria d'attendre seul un instant. J'étais si tremblant et si troublé , que je fus obligé de me jeter dans un fauteuil, car je ne pouvais me soutenir. Au bout de quelques minutes, j'entendis marcher, et je distinguai le bruit léger d'une robe de femme. Je me levai en tressaillant, et je vis paraître Armoflède. Elle s'avança vers moi d'un air ouvert et attendri ; et, me prenant la main, elle me considéra un moment en silence, avec l'expression de la plus vive sensibilité. Malheureux Olivier ! dit-elle, comme on voit sur vos traits l'empreinte de la souffrance ! Mais , hélas ! poursuivit-elle, en essuyant quelques larmes qui mouillaient ses paupières , vous allez voir un tableau plus frappant encore des ravages cruels causés par la douleur ; à peine pourrez-vous reconnaître notre intéressante amie..... Où est-elle ? interrompis-je ; daignez me conduire à ses pieds..... Venez, mon cher Olivier, reprit Armoflède, venez, vous allez la voir. En disant ces paroles, elle me guida. Je la suis ; et après avoir traversé plusieurs pièces, elle s'arrêta devant une porte entr'ouverte. Entrez dans cette chambre, me dit-elle ; dans une heure je reviendrai vous chercher. A ces mots, Armoflède me quitta. Je pousse la porte, et j'apperçois au bout de cette vaste chambre, Célanire couchée sur un canapé. L'entrevoir et me trouver à ses genoux, ne fut pour moi qu'une même chose ; mais, ô ciel ! quel fut mon saisissement, lorsqu'en jetant les yeux sur cette figure adorée, je ne retrouvai plus en elle que l'ombre de Célanire !..... Une maigreur excessive, une pâleur effrayante, sans défigurer ses traits, donnaient à sa physionomie la plus touchante expression de souffrance et de mélancolie ; elle n'avait plus l'éclat et la fraîcheur de la jeunesse ; mais le sentiment qui animait son visage, y conservait le caractère sublime de sa beauté : sans la connaître, il eût suffi de jeter les yeux sur elle, pour être certain que les peines de l'ame causaient seules sa langueur et son abattement. Je la regardais avec un sentiment inexprimable , mêlé de pitié, de tendresse, de remords et de reconnaissance ; elle m'examinait aussi avec attendrissement, et rompant le silence la première : O mon Olivier ! me dit elle, combien nous avons souffert !..... Je ne sais quelle fut ma réponse ; je me ressouviens de ces premières paroles qu'elle prononça, car j'avais été privé si long-temps du bonheur de l'entendre, que le son de cette voix chérie me frappa tellement, qu'il grava dans ma mémoire ces premiers mots que j'entendis articuler : mais mon émotion était si violente, j'avais si peu ma tête, qu'il ne m'est pas resté la moindre idée de notre entretien pendant la première demi-heure que nous passâmes ensemble. Quand ce trouble extrême fut un peu calmé, je lui fis part de mes résolutions, et je lui déclarai que je revenais avec les sentimens de résignation et de soumission qu'elle m'avait vus en la quittant ; que non-seulement je n'exigeais d'elle aucun sacrifice, mais que si elle voulait m'en faire, je la conjurais de ne rien précipiter, et de ne prendre un parti qu'après une longue délibération. Il n'est plus temps, Olivier, me répondit- elle, il n'est plus temps !..... je n'aurais même pu profiter d'un tel conseil le jour où nous nous séparâmes ; je m'abusais alors. Après avoir livré mon cœur tout entier , après avoir reçu tes sermens, j'osai me croire encore quelques vertus étrangères à l'amour ; j'osai croire que la piété filiale , l'amour de la patrie, l'honneur et mes promesses l'emporteraient enfin sur une passion coupable. Près de toi, dans tes bras, c'est ainsi que je pensais ; ton amour et ton estime me semblaient des garans certains de ma vertu ; ta présence m'élevait au-dessus de moi-même ! En me quittant, tu m'as ravi cette illusion de ma tendresse ; je descendis, en frémissant, au fond de mon cœur ; je n'y trouvai que toi..... La vie me devint odieuse, insupportable ; j'en vis sans effroi le terme prochain ; la mort m'affranchissait d'un engagement abhorré que je respectais encore..... : mais un événement inattendu fixa bientôt ma destinée. Un écuyer d'Albion vint apprendre à mon père les détails de ce combat, dans lequel Albion dut la vie à la vaillance du plus généreux des Chevaliers français. Ton nom ne fut pas prononcé ; mais mon père, dans cet inconnu qui se disait l'ami de Vitikind, reconnut facilement son libérateur, et mon cœur ne pouvait s'y méprendre. L'écuyer d'Albion ajouta que son maître avait reçu dans ce combat des blessures dangereuses qu'il avait négligées d'abord, et qui s'étant r'ouvertes, donnaient les plus grandes inquiétudes sur sa vie; que ce mal, s'il n'était pas mortel, serait au moins très-long; et qu'ainsi l'arrivée d'Albion en France serait excessivement retardée. Mon père, en me contant ces détails, me parut beaucoup moins occupé de l'état d'Albion que de sa reconnaissance pour le généreux Olivier; et quelques mots qui lui échappèrent, me firent connaître clairement que les sentimens secrets de son cœur s'accordaient avec les miens. Ce fut alors que tous mes scrupules s'évanouirent, ou, pour mieux dire, que je me décidai à les sacrifier. Il me semblait que mon amant, en sauvant les jours de son rival, m'avait dégagée de ce lien affreux que la mort aurait rompu sans sa générosité; du moins je pensai que cette action sublime justifierait toute ma faiblesse : d'ailleurs je me croyais mourante, et je ne repoussais point cette idée qui achevait de me donner

ner

ner à mes yeux le droit de te rappeler. Cependant, quoique déterminée au fond de l'ame, j'étais encore combattue et sur-tout embarrassée sur le choix des moyens que je devais employer pour faire une telle démarche, lorsque Zemni et sa mère arrivèrent ici : je ne dépeindrai point ce que j'éprouvai en écoutant le récit qu'ils me firent ; le jour même j'écrivis la lettre dont je chargeai Zemni.....Il partit.... et bientôt l'espoir de te revoir me rendit à la vie. Enfin, Olivier, après tout ce que j'ai souffert, après tout ce que vous avez fait pour moi, vous n'avez plus le droit de me parler encore le froid langage de la raison ; vous savez assez que Célanire est à vous , qu'elle ne peut être qu'à vous.... Hélas ! en me donnant à toi, je ne te promets pas le bonheur : en est-il pour qui trahit ses devoirs ?.... En prononçant ces paroles, elle ne put retenir ses larmes. Pour moi, frappé seulement d'une décision qui comblait mes vœux, et débarrassé du rôle pénible que je m'étais imposé, je montrai, sans contrainte, l'excès de ma reconnaissance et de ma joie. Alors elle me déclara qu'elle était déterminée à m'épouser, aussi-tôt que ses forces lui permettraient

de marcher et de sortir; elle me chargea
de chercher un prêtre qui consentît à
nous unir en secret dans un lieu que je
choisirais. Elle me fit donner ma parole
de ne mettre qui que ce fût au monde
dans notre confidence, me promettant
la même discrétion de son côté. L'amitié
d'Armoflède, ajouta-t-elle, a su m'arracher le secret de mon cœur, mais je
lui ai dissimulé mes desseins : elle pense
qu'il est impossible que je puisse rompre mon premier engagement ; je la lais-
serai dans cette erreur. Le don funeste
de ma main causerait votre perte, si cet
important mystère se découvrait ; je
dois donc mettre tous mes soins à le
cacher. Comme elle achevait ces mots,
nous entendîmes du bruit ; c'était Armoflède, qui entra au même instant, et
vint s'asseoir sur le canapé de Célanire.
Sa présence, si importune pour moi,
sur-tout dans ce moment, me causa une
humeur qu'il me fut impossible de réprimer. Armoflède fit seule presque tous
les frais de la conversation ; au bout
d'une demi-heure, Célanire me congédia ; j'attendais ce moment avec impatience ; car n'étant plus tête à tête
avec elle, j'éprouvais un besoin extrême
de me trouver seul, afin de penser, sans
distraction, à tout ce que je venais

d'entendre. Avant d'avoir vu Célanire, je ne doutais pas qu'en effet elle ne fût déterminée à rompre ses engagemens avec Albion, mais je n'avais pas prévu une décision aussi ferme, et bien moins encore la résolution de me donner sa main sans délai. J'avais pu être généreux quand je n'avais qu'une espérance éloignée, quand je ne croyais pas possible que Célanire pût consentir à unir son sort au mien, avant deux ou trois ans : mais l'idée qu'elle serait à moi dans quelques jours, bouleversait absolument ma raison et anéantissait tous mes principes. Je n'avais plus ni prévoyance, ni inquiétude, ni remords ; je ne pouvais que me répéter : *Elle est à moi !* . . . . . Je trouvai facilement un prêtre qui consentit à me marier en secret. Comme il avait entendu parler de mes prétendus engagemens avec Armoflède, il imagina qu'elle était la personne que je devais épouser ; je ne le dissuadai point de cette idée ; mais je le prévins que cette personne, ne voulant pas même être connue de lui, serait cachée sous un voile pendant la cérémonie. Il n'opposa nulle difficulté à tout ce que proposai, et me promit le plus inviolable secret. Il ne s'agissait plus que de trouver un lieu où

Célanire pût se rendre facilement, et dans lequel il fût impossible d'être surpris. Je me rappelai qu'il y avait un souterrain fameux, près de la maison de campagne de Vitikind, et qui même communiquait à une partie de son jardin. La tradition nous apprend que ce souterrain servit jadis de retraite et d'asyle à de pieux personnages, persécutés pour la religion ; plusieurs même y sont enterrés. Au fond de cette vaste caverne, remplie de tombes révérées, est une chapelle antique où l'on célèbre encore la messe une fois l'an, en mémoire des saints qui l'ont habitée. Après avoir consulté Célanire, je me décidai pour ce lieu ; car il était impossible qu'un mariage secret pût se faire à la cour ; ainsi, il fallut se soumettre à voir mon bonheur différé d'un mois, Célanire ne pouvant quitter la cour que sur la fin du printemps.

En attendant ce jour si passionnément desiré, je goûtais le plaisir de voir la santé de Célanire se rétablir d'une manière si rapide, qu'elle fut en état de paraître au tournoi dont l'Empereur voulait donner le spectacle au prince Egbert. Célanire, qui jouissait à la cour des honneurs que l'on rendait aux princesses, fut placée dans leur tente, afin d'y distribuer avec elles les prix destinés aux vainqueurs. Tu étais à cette fameuse fête qui fut même l'époque de ta disgrace, par l'intérêt innocent peut-être, mais trop tendre, que la reine Hermengarde montra pour toi. On prétend qu'on l'entendit dire, en te donnant l'un des prix : *Soyez aussi fidéle que vaillant.* Je recueillis les discours de la calomnie et de la haine ; je vis l'Empereur s'inquiéter et s'émouvoir : je te conseillai de prévenir l'éclat fâcheux d'un exil ; nous trouvâmes les moyens de motiver, d'une manière simple, un départ précipité, et tu partis une heure après les jeux. Tu sais qu'après avoir vaincu Ogier le danois, Angilbert et Rotbold, je fus défié par Eginard, qui vint me soutenir que sa dame surpassait la mienne en vertu et en beauté ; je lui répondis que ce défi si commun était sur-tout déplacé de lui à moi, puisque j'ignorais le nom de sa dame, et qu'il ne connoissait pas la mienne. D'ailleurs, ajoutai-je, en ne pouvant aimer que celle que je sers, j'honore toutes les personnes de son sexe, et n'en veux offenser aucune : mais je soutiens, Eginard, que vous n'êtes capable ni de la passion, ni de la constance dont j'ai déjà donné des preuves.

Cette réponse fut très-applaudie ; tous les yeux se tournèrent sur Armoflède, et se portèrent ensuite sur la princesse Emma, qui ne put dissimuler son embarras et son dépit. Eginard était furieux, et combattit avec un extrême emportement ; je lui donnai un coup de lance qui fit cabrer son cheval, et le renversa sur l'arène ; mais au moment même il se releva avec ses armes ; et, comme il en avait le droit, il me demanda le combat à pied. Dans cet instant, l'Empereur fit donner le signal de la clôture des jeux, et il fallut se retirer. Eginard outré, s'approcha de moi, et me dit tout bas : Il faut céder à l'autorité, mais ce combat m'était dû, et je vous le demande pour demain à la pointe du jour, sans témoins, et dans le bois de cyprè. J'acceptai ce rendez-vous, et je le quittai pour aller recevoir des mains de sa dame un bracelet d'or, qu'Emma pâle et tremblante donna au vainqueur d'Eginard, avec autant de colère que de chagrin.

Olivier, dans cet endroit de son récit, fut interrompu par les écuyers qui apportèrent des corbeilles de fruits et quelques rafraîchissemens, qui firent le dîner des deux voyageurs. Après ce frugal repas, Olivier reprit son récit, comme on le verra dans le chapitre suivant.

CHAPITRE XX.

Un Monarque sans préjugés.

Dieu ! que la politique avilit la couronne !
Que la probité simple honorerait le trône !
Siége de Calais, de DU BELLOY.

A force de bienfaits, il sut changer les cœurs ;
Et les rendant heureux, il les rendit meilleurs.
Idoménée, de LE MIÈRE.

Tu partis après le tournoi, mais la fête
dura encore plus de trois heures, et fut
terminée par un repas splendide, après
lequel le prince Egbert prit congé de
l'Empereur. Ce dernier lui fit présent
d'une superbe épée : Prince, lui dit-il,
puisse cette épée vous servir utilement
contre vos enemis ! mais malgré la
gloire attachée aux succès des armes,
soyez assez grand pour préférer toujours
la paix à la guerre. Vous allez trouver,
dans vos propres états, tous les germes
funestes des discordes civiles : opposez
aux factieux le courage, la droiture et
la clémence ; telle est la véritable politique. Vous fûtes offensé, persécuté ;

N 4

si l'on vous croit dissimulé et vindicatif, vous êtes perdu sans retour. Ce sont les vains artifices, la mauvaise foi, l'orgueil et la frivole et coupable ambition de régner despotiquement, qui perdent les souverains. Pour vous, prince, vous êtes trop éclairé pour ne pas sentir qu'il n'existe de roi légitime que celui qui ne commande qu'au nom sacré de la loi ; qu'il n'y a ni habileté, ni grandeur, ni sûreté à conduire de stupides esclaves ; et que parmi tous les hommes avilis de la nation dégradée qui se soumet au joug honteux de la tyrannie, l'être le plus absurde et le plus méprisable est celui qui gouverne un tel peuple. Ce discours parut faire une profonde impression sur le jeune prince ; et en effet, jusqu'ici il a montré toutes les vertus qu'on devait attendre d'un disciple de Charlemagne (10). Ce soir même, l'Empereur, qui avait été très-frappé de la conduite de la reine Hermengarde et de l'intelligence qu'il supposait entr'elle et toi, voulut me questionner à cet égard, et m'ordonna de le suivre dans son appartement. Je lui parlai comme nous en étions convenus, et je parvins, sinon à détruire, du moins à calmer ses craintes. Ce prince, si communicatif avec ceux qu'il aime, m'ouvrit son cœur sur tous ses chagrins domestiques, et me confia qu'il s'était apperçu de la passion d'Angilbert pour la princesse Berthe, et de celle d'Eginard pour Emma. Ensuite il m'interrogea sur la Saxe, sur les dispositions et les forces des rebelles, et sur-tout sur le caractère d'Iliska, leur chef, le père d'Ordalie, qui m'avait fait arrêter et condamner à la mort. Je lui dis que cet homme gouvernait en despote; que, sans talens, sans aucun des dons extérieurs qui paraissent faits pour séduire, il avait pris un suprême ascendant sur la multitude; mais qu'il en abusait avec autant d'insolence que de cruauté, qu'il adoptait toutes les odieuses maximes des tyrans, et sur-tout celle qui prescrit de *régner par la terreur*; règne en effet absolu, mais qui ne peut être long (11). Croiriez-vous, reprit l'Empereur, qu'on a osé me conseiller de mettre à prix la tête de cet homme sanguinaire? Je sais que l'exemple donné par plusieurs gouvernemens, paraît autoriser un tel avis, mais rien à mes yeux ne peut consacrer une lâcheté. La main d'un souverain, dispensatrice des grâces, n'est plus digne d'offrir des prix à la vertu lors-

qu'elle promet une récompense au crime ; et quiconque invite au meurtre,
n'est lui-même qu'un vil assassin. L'Empereur me parla ensuite de l'entreprise
qu'il méditait contre les révoltés saxons,
et dont il devait confier l'exécution au
comte Fhédéric (12) ; et il termina cet
entretien en me donnant le brevet d'une
place briguée depuis long-temps par
tout ce qu'il y avait de plus illustre à sa
cour, place à laquelle je n'avais jamais
songé, et qui m'attachait immédiatement à sa personne. Notre conversation
s'était tellement prolongée, que le jour
commençait à paraître, lorsque ce prince
me congédia. Nous étions au mois d'a-
vril, et cependant le froid était excessif. Je me disposais à quitter l'Empereur pour me rendre au bois de cyprès, où je devais trouver et combattre
Eginard. L'Empereur était debout, et
fit avec moi quelques pas qui l'appro-
chèrent d'une fenêtre fermée, donnant
sur la grande pièce de gazon qui entoure
son pavillon et celui de la princesse
Emma ; il jeta les yeux à travers les
vitres, sur le jardin, et fut très-surpris
de voir, dans la saison où nous étions,
le gazon et les fleurs entièrement ca-
chés par la neige qui était tombée du-

rant la nuit. Je m'avançai dans l'embrasure de la fenêtre : dans ce moment je vis l'Empereur tressaillir et pâlir, il regardait le pavillon d'Emma, qui, comme tu sais, est auprès du sien : je tournai les yeux de ce côté ; mais quel fut mon étonnement en voyant distinctement sur le perron la princesse et Eginard !... Aussi-tôt je fis un mouvement pour m'éloigner, mais Charlemagne, sans proférer une parole, me retint en me prenant fortement la main ; la sienne était tremblante, l'altération de ses traits, et l'expression de sa physionomie, avaient quelque chose de terrible et d'effrayant ; il fit passer dans mon ame le trouble affreux qu'il éprouvait, et ce fut avec une violente émotion que je considérai l'étrange scène que je vais décrire. Eginard et la princesse regardaient la neige dont le parterre était couvert, et paraissaient délibérer sur le parti qu'ils devaient prendre. Tu te rappelles que ce parterre absolument en gazon parsemé de fleurs, d'arbres et d'arbustes, est entouré de hautes murailles, et forme un jardin particulier pour l'Empereur et les princesses, et que les hommes n'y entrent jamais, à moins d'y être à la suite de l'Empereur ; les princesses, ainsi que lui, ont des clefs de la petite porte de cet enclos, dans lequel Emma avait fait entrer son amant par cette porte, afin d'éviter toute rencontre des domestiques. Mais la neige qui couvrait totalement le parterre, formait un incident aussi inquiétant qu'imprévu ; l'Empereur, à son réveil, pourrait voir dans cette enceinte solitaire la trace des pas d'un homme. ... telles étaient les craintes et l'embarras que les gestes d'Emma exprimaient parfaitement. Cependant il n'y avait point de temps à perdre, il fallait se décider sans délai. La princesse, qui avait réfléchi un moment, paraît avoir trouvé un expédient qu'elle propose vivement, et qu'Eginard rejette ; elle insiste, il a l'air de céder ; et tout-à-coup, elle descend le perron ; Eginard la suit, mais s'arrête sur l'avant-dernière marche ; Emma passe devant lui, descend tout l'escalier, tourne le dos, s'incline doucement, et reçoit Eginard sur ses épaules ; ensuite pouvant à peine marcher et se soutenir, elle prend le chemin de la longue allée de sycomores qui conduit à la porte du jardin. A cette vue, l'Empereur laissant tomber le bras qui tenait le mien, s'appuya contre le mur, et mit ses deux mains sur son visage ; un instant après, il s'éloigna de la fenêtre, et fut se jeter dans un fauteuil. Il m'appela, et me fit signe de m'asseoir près de lui. Il gardait le silence, mais je vis, par la rougeur et l'expression de son visage, que ses réflexions lui rendaient toute la colère que l'attendrissement avait calmée un moment. Enfin, prenant la parole : Olivier, me dit-il, j'ai su me préserver des préjugés absurdes que l'éducation, la flatterie et l'orgueil inspirent communément aux souverains ; celui qui, le seul de vos rois, depuis les premiers successeurs de Clovis, admit le peuple aux assemblées législatives ; celui qui, dans les écoles d'éducation nationale, sans égard à la naissance, ne distribuant les prix et les emplois qu'au mérite et aux vertus, donne souvent un blâme public à l'héritier d'un grand seigneur, et couronne dans son concurrent le fils d'un simple artisan ; celui qui, dans l'académie littéraire qu'il a fondée, a rejeté pour lui toute espèce de distinction particulière ; celui qui voulait, il y a quelques mois, marier sa fille à l'un de ses sujets ; celui-là, dis-je, a bien prouvé qu'il n'attache aucun prix à la naissance. Ainsi les motifs de mon ressentiment sont légitimes, et fondés sur la raison. L'indigne suborneur de ma fille me doit tout, son éducation, sa fortune, et même la vie. Vous savez que, dans une bataille, je sauvai ses jours en exposant les miens. Parlez, Olivier, quelle punition mérite une telle ingratitude? — La plus grande, Seigneur, s'il était possible de la dénoncer devant un tribunal. — Et pourquoi ne pas livrer un coupable à la rigueur des lois? — Et le soin de la gloire de la princesse? D'ailleurs, Seigneur, vous êtes l'offensé : pensez-vous que votre indignation et votre colère n'eussent aucune influence sur l'arrêt que prononceraient les juges? Non, Charlemagne irrité ne peut demander justice : car la cause du coupable ne serait ni défendue avec force, ni jugée avec impartialité. C'est pourquoi, Seigneur, un prince ne peut jamais se venger légitimement; c'est pourquoi il doit (comme jusqu'ici vous en avez donné l'exemple) punir les crimes qui intéressent l'état et la société, et pardonner toutes ses injures personnelles. — Ainsi donc, dit Charlemagne, on peut toujours outrager impunément un prince? Ah! Seigneur, repris-je, le grand nombre des hommes a tant d'intérêt à lui plaire, que lorsque l'état est tranquille, il a bien plus à redouter la flatterie que les outrages. N'est-il pas juste que celui qui ne peut être offensé que par des insensés, soit obligé de pardonner toujours? L'Empereur ne répondit rien; il me fut impossible de deviner quel sentiment dominait dans son ame. Après quelques minutes d'un morne silence, il prit une écritoire, écrivit quelques lignes, ferma le billet; et me le donnant : Tenez, Olivier, me dit il, portez cet écrit à Eginard. Cet ordre m'embarrassa tellement, que je ne pus me dispenser d'avouer à l'Empereur que j'avais reçu d'Eginard un cartel, et que j'allais me battre avec lui. Vous voyez, Seigneur, ajoutai-je, que si ce billet est l'arrêt de sa perte, il serait affreux qu'il le reçût de la main de son ennemi ; et si au contraire, Seigneur, vous daignez faire grace, je ne puis porter une telle nouvelle à celui qui m'attend, avec le desir de m'ôter la vie ; il croirait, peut-être, que j'ai brigué cette commission, afin d'éviter le combat, car certainement alors il abjurerait son ressentiment contre moi. Il suffit, dit l'Empereur, je conçois vos raisons, et je les approuve; rendez-moi ce billet : allez, Olivier, où l'honneur vous appelle; je ne dois plus vous retenir. A ces mots, je me retirai, et me rendis sans délai dans le bois de cyprès. J'y trouvai Eginard; nous nous enfonçâmes dans l'épaisseur du bois, et nous mîmes l'épée à la main; mais à peine le combat était-il engagé, que nous entendîmes un léger bruit qui nous fit suspendre nos coups. Nous prîmes le parti de nous éloigner; mais quel fut notre étonnement, lorsqu'au détour d'une allée, nous nous trouvâmes vis-à-vis de l'Empereur, et à dix pas de lui ! nous restâmes immobiles. Ce prince, avec une contenance sévère et majestueuse, s'approche d'Eginard; et lui présentant un papier : Lisez ce billet, lui dit il, et ensuite vous terminerez votre combat, si vous voulez; je n'y mettrai point d'obstacle. Eginard, interdit et tremblant, prend le billet et l'ouvre. Aussi-tôt qu'il a jeté les yeux sur la première ligne, il pâlit, il chancelle; cependant il le parcourt précipitamment, et tout-à-coup il tombe évanoui aux pieds de l'Empereur. Alors Charlemagne s'éloigna brusquement ; je le perdis bientôt de vue, et je me retrouvai seul avec Eginard, étendu à terre et sans connaissance. Je le relevai, et je le portai sur un siége de verdure ; il reprit l'usage de ses sens ; et en voyant que je le soutenais dans mes bras, il m'embrassa en fondant en larmes. Le billet de l'Empereur était tombé sur le gazon ; il le ramassa, il me le donna en me priant de le lire ; il était à-peu-près conçu en ces termes:

« Je ne me suis point couché cette
» nuit, que j'ai passée toute entière
» avec Olivier, dans mon appartement.
» Je sais tout...... J'ai tout vu de la
» fenêtre du cabinet où nous étions.
» Dans ce premier moment de surprise
» et d'indignation, j'ai entendu de la
» bouche d'Olivier tout ce qui pouvait
» disposer mon esprit et mon cœur à
» la clémence...... Je suis votre sou-
» verain, votre bienfaiteur, j'étais votre
» ami ; jugez-vous !..... Je pouvais
» m'honorer d'une gendre vertueux,
» quelle que fût sa naissance ; j'aurais
» célébré publiquement les noces de
» ma fille et d'Olivier..... mais je n'a-
» vouerai point pour mon fils celui qui
» a trahi les devoirs les plus sacrés de la
» probité et de la reconnaissance. Ce-

» pendant je donne mon consentement
» à votre union secrète avec ma fille,
» et je vous ordonne à tous deux de
» ne pas la différer. Je vous ôte la place
» que vous aviez près de moi, et je
» double les appointemens que j'y
» avais attachés. Restez à la cour,
» ne me voyez qu'en public, faites le
» bonheur d'Emma, et avec le temps
» je pourrai vous rendre mon estime
» et mon amitié (13) ».

Cette lettre magnanime fit sur Eginard et sur la princesse tout l'effet qu'elle devait produire; la félicité dont ils jouissent, leur conduite et leur reconnaissance, récompensent aujourd'hui l'Empereur de sa clémence et de sa générosité.

Ici Olivier termina sa narration, qu'il reprit le jour suivant en ces termes.

CHAPITRE XXI.

Un mariage clandestin.

> . . . . The tombs
> And monumental caves of death lock cold,
> And shoot a chilness to my trembling heart.
> *Mourning-Bride.* ---- C O N G R È V E.

LA santé de Célanire étant enfin absolument rétablie, elle partit pour la campagne : ce fut sur la fin du mois de mai. Au comble de mes vœux, enivré d'amour et de joie, je me rendis dans ce lieu trois jours après elle. J'établis le prêtre que j'avais choisi dans une chaumière qui se trouve à un demi-quart de lieue du souterrain dont je t'ai parlé. Cette grotte immense a deux issues qui ne sont jamais fermées ; l'une donne dans les champs, l'autre communique à la maison de Vitikind par une vaste prairie qui dépend de la maison et qui tient à son jardin. Je convins avec le prêtre qu'il se rendrait par les champs dans la caverne, et qu'il s'y trouverait la nuit même à minuit précis. A dix heures du soir, je pris un chemin détourné, qui me conduisit à l'une des portes du jardin de Vitikind : j'en avais la clef. J'entrai, je refermai la porte ; ensuite je traversai rapidement une longue allée de tilleuls, au bout de laquelle je découvris le petit pavillon où m'attendait Célanire. Je fus transporté en appercevant la lumière qui éclairait la salle au rez-de-chaussée. Je me précipite vers la porte vitrée qu'on avait laissée entr'ouverte, et je me trouve aux pieds de Célanire, qui était assise auprès d'une table. Aussi-tôt qu'elle m'apperçut, elle voulut se lever : elle n'en eut pas la force ; elle retomba sur sa chaise en me tendant les bras. O ma Célanire ! m'écriai-je, vous êtes donc à moi ! A ces mots elle tressaillit, et je vis couler ses larmes. Je repris la parole pour lui dire tout ce que l'amour peut inspirer de passionné. Ses larmes s'arrêtèrent ; elle m'écouta en silence, en me regardant fixement, et ne me répondit que par de profonds soupirs. Je connaissais trop sa délicatesse et sa vertu pour ne pas lire facilement tout ce qui se passait dans son ame, et pour n'être pas certain que dans cet instant, le plus pressant remords agitait violemment son cœur. J'avais prévu ce combat si pénible ; mais je me flattais que l'amour, qui obtenait le sacrifice de ses scrupules, finirait bientôt par les anéantir : d'ailleurs, depuis un mois, enivré de la certitude de posséder l'objet adoré de tous les desirs de mon cœur, nulle autre idée n'avait pu s'allier dans mon imagination à cette idée dominante. Jusqu'alors je l'avais aimée pour elle ; et depuis cette époque, mon amour, plus violent et moins tendre, avait perdu toute sa générosité ; il n'était plus qu'une fureur insensée ; et j'eusse été incapable de sacrifier à son repos le bonheur dont elle m'avait donné l'espérance. Je la pressai de quitter le pavillon, en lui proposant d'attendre dans le jardin l'heure que j'avais indiquée au prêtre. Elle se laissa conduire. Nous sortîmes du pavillon ; et après avoir traversé le parterre, nous entrâmes dans la grande allée de marroniers. Je fus saisi d'un transport inexprimable en me retrouvant dans cette même allée, où, huit mois auparavant, j'avais été forcé de contenir et de dissimuler des sentimens auxquels il m'était enfin permis de me livrer sans contrainte. Je m'arrêtai, je la pressai dans mes bras et contre mon cœur, à cette même place où j'avais excité sa défiance et sa colère, pour avoir osé lui proposer de ralentir un moment sa marche !..... Au bout de l'allée, nous prîmes le chemin du bois de peupliers, qui nous appro chait du souterrain ; et choisissant l'endroit du bois le plus touffu, nous nous assîmes sur une des roches couvertes de mousse, dont ce lieu est rempli. L'excès de ma joie, l'ivresse de mon bonheur avaient insensiblement calmé les remords de la timide et sensible Célanire ; elle me répondait ; chaque minute ajoutait un charme de plus à l'expression de sa tendresse, lorsque tout-à-coup le temps s'obscurcit d'une manière surprenante : au plus beau clair de lune, succédèrent subitement les plus épaisses ténèbres. Célanire épouvantée, se précipita sur mon sein. O mon ami ! me dit-elle d'une voix étouffée, le jour où j'attachai mes offrandes à l'arbre que je t'avais consacré, un orage semblable vint porter la terreur au fond de mon ame ! Oui, le ciel condamne mon amour et réprouve notre union !..... ce tonnerre menaçant nous annonce sa colère vengeresse..... Oh ! il en est temps encore, Olivier, prends pitié de mon effroi, de mes remords !..... ces remords affreux sont insurmontables ; ils me poursuivent dans tes bras !..... Oh ! rends Célanire à la vertu, à son père..... ; répare mon imprudence, expie ma faiblesse par ton courage et ta générosité !..... Ce discours me fit frémir sans m'émouvoir. Je lui rappelai avec véhémence l'entretien dans lequel elle avait elle-même fixé notre destinée. Hélas ! dit-elle, étais-je à moi-même ! je te revoyais après une longue absence !..... Mais c'en est fait, poursuivit-elle ; c'est en vain que je vois le profond abîme que j'ai creusé moi-même ; nulle main secourable ne m'empêchera d'y tomber !..... Ces dernières paroles me causèrent un si violent mouvement de fureur et de désespoir, que je fus tenté de m'arracher la vie et de m'immoler à ses pieds ; j'éclatai avec tant d'emportement, qu'elle ne songea plus qu'à me calmer. Elle ne me répondit d'abord que par des sanglots ; ensuite passant ses deux bras autour de mon cou : Pardonne, me dit-elle, pardonne les derniers gémissemens de ce cœur combattu : désormais ton épouse ne connaîtra plus qu'un devoir, celui de te rendre heureux. Viens, continua-t-elle en se levant, il est minuit ; mes vaines frayeurs sont évanouies : l'amour m'a rendu tout mon courage , et saura me le conserver. En parlant ainsi , elle ne pouvait se soutenir sur ses jambes tremblantes. Je la pris dans mes bras , et je l'entraînai hors du bois ; nous marchions à la seule lueur des éclairs , qui , de temps en temps , me faisaient entrevoir Célanire pâle , échevelée , agitée de mouvemens convulsifs et paraissant mourante !..... Arrivés à l'entrée de la caverne , je frappai trois coups , comme j'en étais convenu avec le prêtre ; une minute après nous l'apperçûmes au fond de la grotte ; il tenait un flambeau allumé. Dans cet instant , je jetai sur Célanire un voile qui la couvrit presqu'entièrement , mais qui ne pouvait l'empêcher de voir ; et nous nous acheminâmes lentement vers le flambeau qui nous servait de guide. Après avoir fait quelques pas, Célanire , appercevant les tombes dispersées dans la caverne , s'arrête en frissonnant. Juste ciel ! dit-elle avec un son de voix qui me glaça , vous me conduisez dans le séjour de la mort !..... Je lui avais dépeint cette caverne ; et quoiqu'elle n'y eût jamais été, elle en avait entendu parler mille fois ; mais elle était tellement dominée par la terreur, que tous les souvenirs

étaient

étaient effacés de son imagination, excepté ceux qui pouvaient augmenter
ses remords et son effroi.... Je ne répondis rien, et elle se remit en marche.
Lorsque nous fûmes près du prêtre et
sur les marches de l'autel, ses yeux
s'arrêtèrent et se fixèrent sur un sépul-
cre plus grand que les autres, qui se
trouve au fond de cette chapelle. Olivier, me dit-elle, où donc est l'autel
nuptial ; je ne vois qu'un tombeau !....
Ces paroles avaient quelque chose de si
frappant, qu'elles firent sur mon cœur
une impression superstitieuse dont ma
raison ne put me garantir !.... Cependant je montrai le prêtre et l'autel à Célanire ; nous nous mîmes à genoux, et
la cérémonie commença. Je vis à l'agitation de Célanire qu'elle pleurait ; je
tenais sa main froide et tremblante ;
plusieurs fois elle serra la mienne, et
je remarquai avec plaisir que l'extrême
attention, et le recueillement qu'elle
apportait à la cérémonie lui rendaient
une partie de ses forces : elle répondit
d'une voix assez ferme aux interroga-
tions du prêtre ; mais à peine eûmes-
nous prononcé les mots sacrés qui nous
engageaient pour toujours, que le seul
flambeau que nous eussions dans ce

vaste souterrain, le cierge que le prêtre avait posé sur l'autel, s'éteignit tout-à-coup, et nous nous trouvâmes dans une totale obscurité. O Dieu ! s'écria douloureusement Célanire, quel horrible présage !.... Elle n'en put dire davantage ; elle tombe évanouie dans mes bras..... Ce que j'éprouvai alors est inexprimable ; les paroles qu'elle avait prononcées en entrant dans la caverne et en approchant de l'autel, me revinrent à l'esprit, je la crus morte...... Décidé à ne lui survivre que le temps qu'il me fallait pour acquérir l'entière certitude de mon malheur, je restai immobile à ma place, en attendant que le prêtre, qui s'était muni de toutes les choses nécessaires à cet effet, eût rallumé le flambeau. Aussi-tôt que la lumière reparut, Célanire soupira et me rendit à la vie ; assuré qu'elle existait, mes sinistres pressentimens s'évanouirent, je n'eus plus qu'une seule pensée, celle que la destinée de Célanire était irrévocablement unie à la mienne. Je me hâtai de l'emporter hors du souterrain ; le grand air acheva de lui rendre l'usage de ses sens : l'orage était dissipé, le temps était redevenu calme et serein, et la lune et les étoiles répandaient sur toute la campagne la plus douce lumière. Nous étions dans la prairie, à cent pas de la grotte, lorsque Célanire, d'une voix faible et tendre, prononça mon nom ; je la posai au pied d'un saule. O Célanire ! m'écriai-je, ôte ce voile qui couvre ta tête ; oh ! que je revoie le visage adoré de mon épouse ! nous sommes pour jamais unis l'un à l'autre ; et depuis cet instant, mes yeux n'ont point rencontré ton doux regard !..... A ces mots elle se débarrassa de son voile, et découvrit son charmant visage ; je la regardai comme si je la voyais pour la première fois ; je contemplais avec délices, avec extase, cette figure enchanteresse, en me répétant : *C'est Célanire, c'est mon epouse !* .... Mais à ce ravissement succéda bientôt une mortelle inquiétude ; je tenais ses mains, qui étaient brûlantes, elle se plaignait du froid : je connus qu'elle avait de la fièvre ; je la conduisis sans délai dans le pavillon, où mes craintes augmentèrent, lorsque je vis à la lumière l'extrême rougeur de son visage et l'égarement de ses yeux : elle n'avait plus sa tête ; elle me demandait d'où elle venait, et ne proférait pas une parole qui ne me perçât le cœur. Ma situation

était affreuse ; il m'était impossible de
la laisser seule dans cet état, et en res-
tant encore deux ou trois heures, nous
pouvions être surpris par ses femmes.
Cependant, au bout d'une demi-heure,
ses idées revinrent ; je saisis cet instant
pour l'engager à aller prendre le repos
dont elle avait tant de besoin ; je la
menai dans sa chambre, et je me retirai
sans perdre de temps.

Permettez-moi, cher Isambard, dit
Olivier dans cet endroit de son récit,
de terminer ici aujourd'hui ma triste
narration ; maintenant ce qui me reste
à vous conter est si funeste, que j'ai
besoin de reprendre haleine et de m'ar-
mer d'une force nouvelle pour continuer cette déplorable histoire. En disant
ces paroles, Olivier se leva ; Isambard
attendri le suivit en silence : les deux
Chevaliers, qui étaient sur la lisière d'un
petit bois, remontèrent à cheval et entrèrent dans le bois : ils allaient au pas ;
Olivier était plongé dans la plus sombre
rêverie ; Isambard, derrière lui, causait
à voix basse avec Zemni, lorsqu'arrivés
à l'extrémité du bois ils entendirent le
son d'une musette, et bientôt après
celui d'une voix jeune et douce qui
chanta avec grace et justesse la chanson
qu'on trouvera dans le chapitre suivant.

CHAPITRE XXII.

Une reconnoissance.

Je ne me flatte point d'avoir en cet asyle
Rencontré le parfait bonheur ;
Il n'est point retiré dans le fond d'un bocage,
Il est encor moins chez les rois,
Il n'est pas même chez le sage :
De cette courte vie il n'est point le partage,
Il y faut renoncer ; mais on peut quelquefois
Embrasser au moins son image.

VOLTAIRE.

Oh ! bienheureux celui qui peut de sa mémoire
Effacer pour jamais ce vain espoir de gloire,
Dont l'inutile soin traverse nos plaisirs !

RACAN.

ISAMBARD jetant les yeux de tous côtés, apperçut à trente pas un jeune pâtre assis au pied d'un chêne. Il était tourné de manière qu'on ne pouvait voir son visage ; il tenait la musette dont il venait de jouer, et il chantait une romance dont le refrain s'est perpétué jusqu'à nos jours. Mais voici les anciennes paroles du petit pâtre :

O 3

ROMANCE.

(Sur l'air : *Des Dettes.*)

I.

Quel insupportable tourment
D'être traité comme un enfant ,
  C'est ce qui me désole. (*bis*)
Ce malheur passe avec le temps ,
Je n'aurai pas toujours quinze ans ,
  C'est ce qui me console. (*bis*)

2.

Lise et Doris, avec dédain ,
Reçoivent des fleurs de ma main ,
  C'est ce qui me désole. (*bis*)
Souvent par un caprice heureux
Elles m'admettent dans leurs jeux ,
  C'est ce qui me console. (*bis*)

3.

Lorsqu'on s'assemble pour veiller
On veut toujours me renvoyer ,
  C'est ce qui me désole. (*bis*)
Quelquefois Chloé, d'un air doux ,
Me fait rester à ses genoux ,
  C'est ce qui me console. (*bis*)

4.

J'ai vu Chloé s'embarrasser ,
Rougir, pâlir et soupirer ,
  C'est ce qui me désole. (*bis*)
C'est pour Iphis, qu'il est heureux !
Mais Chloé l'évite en tous lieux ,
  C'est ce qui me console. (*bis*)

5.

Lorsqu'Iphis chante dans nos bois,
Chloé s'attendrit à sa voix,
  C'est ce qui me désole. (*bis*)
Chloé, rebelle à ce berger,
Souvent m'accorde un doux baiser,
  C'est ce qui me console. (*bis*)

6.

Chloé n'a pu garder son cœur,
Iphis a troublé son bonheur,
  C'est ce qui me désole. (*bis*)
Pour lui Chloé tremble et rougit,
Elle me caresse et le fuit,
  C'est ce qui me console. (*bis*)

Cette chanson intéressa Isambard ; il voulut voir le jeune pâtre ; il s'approcha de lui, et fut charmé de sa figure et de son maintien. Le berger répondit à ses questions avec une politesse pleine de graces, et l'invita à venir se reposer dans la chaumière de son maître, qui n'était qu'à cinq cents pas de-là. Comme le jour commençait à baisser, Isambard fit aisément agréer cette proposition à son ami : le berger rassembla ses chèvres qui broutaient dans le bois, ensuite il prit le chemin de la maison, et les Chevaliers le suivirent. Ils apperçurent bientôt la chaumière, située sur une grande pelouse, faisant partie d'un vaste

jardin rempli de fleurs, d'arbustes rares
et d'arbres fruitiers, le tout environné
d'une simple haie d'églantier. Le berger
fit entrer les Chevaliers dans cette habitation champêtre, dont l'intérieur surprit étrangement les deux amis, par sa
recherche et son élégance; le salon était
entièrement revêtu de marbre blanc; on
voyait dans le fond de cette pièce, vis-
à-vis la porte d'entrée, un grand tableau
allégorique, représentant la Sagesse fou-
lant aux pieds les attributs de l'Amour,
et s'arrachant des bras de la Gloire pour
s'élancer vers la Paix et la Vertu, qui
semblaient l'inviter à les suivre. On
avait attaché à l'un des côtés de ce
tableau, une trophée d'armes rouillées,
et de l'autre côté un ruban liait ensemble
et tenait suspendus un luth, une pane-
tière, une houlette et quelques outils
de jardinage, d'un travail précieux. Isambard chercha dans le trophée d'armes la
devise du bouclier, mais elle était effa-
cée. Mon maître, dit le jeune berger,
n'est point encore revenu des champs,
mais il reviendra bientôt avec ses brebis;
je vous prie, Seigneurs, de ne point lui
perler de la chanson que vous m'avez
entendu chanter, car je l'ai composée à
son insu..... Et pourquoi, dit Isam-

bard, ne voulez-vous pas qu'il le sache? Ah ! Seigneur, reprit le pâtre en soupirant, c'est que cette chanson contient mon histoire. . . . . et cet Iphis dont elle parle , est mon maître. . . . . . Eh quoi ! votre maître est votre rival ? — Il assure qu'il n'est pas amoureux ; mais je vois bien le contraire. . . . — Ainsi votre maître s'appelle Iphis ; voilà un nom aussi pastoral que cette maison est romanesque. — Oh ! oui , mon maître aime ces noms - là ; Chloé s'appelait *Nanette*, il veut qu'on l'appelle Chloé, et moi, il m'a nommé *Sylvain*. . . . . Mais, paix ! je crois l'entendre. . . . . . A ces mots les deux Chevaliers , dont chaque instant augmentait l'étonnement et la curiosité, entendirent le son d'un flageolet. C'est lui , dit Sylvain , il va conduire ses brebis à l'étable , ensuite il se reposera près d'ici , sur le bord de la fontaine, et il chantera : il n'aime pas alors qu'on l'interrompe : mais quand il aura fini sa chanson , nous irons le retrouver. En effet, au bout de quelques minutes on entendit une voix forte et un peu rauque qui chanta ces couplets.

1.

Dans cette aimable solitude (*)
Je puis donc enfin pour toujours,
Libre de toute inquiétude,
Terminer de paisibles jours.
  Champêtre asyle,
  Doux et tranquille,
Vous rendez le calme à mon cœur;
  Ma bergerie,
  Toute ma vie,
Saura suffire à mon bonheur.

2.

Les vains prestiges de la gloire
N'ont plus le droit de m'éblouir;
Lauriers sanglans de la victoire,
Iphis renonce à vous cueillir.
  Champêtre asyle, etc.

3.

Affranchi de soins et d'alarmes,
Je veux vivre pour la vertu.
Oui, j'entendrai le bruit des armes
Sans tressaillir, sans être ému.
  Champêtre asyle, etc.

4.

Toi, qui répandis sur ma vie
Des maux plus affreux que la mort,

(*) Cette chanson, faite il y a plusieurs années, et que j'avais donnée à trois ou quatre
personnes, se trouve dans quelques recueils
gravés, mais très-défigurée, et seulement avec
deux ou trois couplets.

Amour, je brave ta furie,
Enfin ici je suis au port.
    Champêtre asyle, etc.

5.

D'une trop ingrate bergère
J'oublîrai les sermens trompeurs,
J'oublîrai qu'elle fut légère,
Et ses dédains et ses faveurs.
    Champêtre asyle, etc.

6.

Je ne formerai plus de plainte,
Ma flûte aura de nouveaux sons :
Oui, c'en est fait, le nom d'Aminte
Sera banni de mes chansons.
    Champêtre asyle, etc.

7.

Aminte parjure et volage,
Mon ame n'est plus sous ta loi,
Et les échos de ce bocage
Jamais ne parleront de toi.
    Champêtre asyle, etc.

8.

Jamais, sur l'écorce nouvelle,
On ne verra, comme jadis,
Tracé par une main fidelle
Le chiffre d'Aminte et d'Iphis.
    Champêtre asyle, etc.

9.

Autrefois mon ame égarée
Portait avec elle en tous lieux
L'image d'Aminte adorée,
Tout la retraçait à mes yeux.
    Champêtre asyle, etc.

10.

Aux pieds d'Aminte, avant l'aurore,
Chaque jour je peignais mes feux,
Et le soir m'y trouvait encore
Et plus sensible et plus heureux.
  Champêtre asyle, etc.

11.

Je dois oublier l'infidelle
Qui brisa des nœuds si charmans ;
Je ne voulais plus parler d'elle,
J'ai déjà trahi mes sermens.
    Champêtre asyle,
    Doux et tranquille,
Rendrez-vous le calme à mon cœur ?
    Hélas ! mon trouble
    Croît et redouble ;
N'est-il pour moi plus de bonheur !

Ici la voix cessa de chanter. Sylvain invita les Chevaliers à venir trouver son maître, et il les conduisit dans le verger. Ils passèrent sous un berceau de vigne, au bout duquel ils apperçurent le berger nonchalamment couché sur l'herbe. Isambard, impatient de voir ce singulier personnage, précipita sa marche ; et lorsqu'il fut à quelques pas de lui : Que vois-je ! s'écria-t-il, c'est Ogier le danois ! A cette exclamation, Ogier (car c'était en effet lui-même) se leva et courut embrasser les deux Chevaliers. Seigneur, dit-il à Olivier, nous ne nous

sommes point revus depuis le tournoi
que Charlemagne donna au prince Egbert, et dans lequel vous me vainquîtes ;
à cette époque, je quittai la cour, dé-
testant les hommes et le monde, mau-
dissant les femmes, renonçant à l'amour,
à la guerre, à la société, je vins me
fixer ici, et sans doute j'y terminerai
paisiblement ma carrière. Je n'en ré-
pondrais pas, reprit Isambard, car les
couplets que nous venons d'entendre
n'annoncent ni un guerrier entièrement
désabusé, ni un amant bien guéri. A
ces mots, Ogier soupira, et changeant
d'entretien, il conjura les Chevaliers
de s'arrêter quelque temps chez lui,
ce qu'ils n'acceptèrent que pour le reste
du jour, et une partie du lendemain.
Ogier, guerrier, philosophe, amant
romanesque, ami sûr et fidèle, plein
de franchise et de générosité, avec une
raison supérieure, avait l'imagination
trop vive et une trop grande sensibilité, pour que sa conduite fût toujours
d'accord avec ses lumières et ses principes ; il prenait facilement des partis
extrêmes, et souvent y renonçait avec
une étonnante légèreté ; dominé par
ses sensations et ses premiers mouvemens, son esprit et sa réflexion lui

faisaient aisément connaître les erreurs dans lesquelles il était tombé, et ne lui servaient jamais à l'en garantir. Il était facile sans être faible ; il n'y avait moyen de le séduire que par l'enthousiasme ; on pouvait l'entraîner, et non le mener. Admirateur ardent des talens et des arts, les agrémens frivoles avaient trop d'empire sur lui ; il était disposé naturellement à se passionner pour la vertu ; mais cependant le vice, en cachant sa perversité sous une forme originale et piquante, pouvait du moins pour un temps, lui plaire et le subjuguer. Rempli de discernement, (lorsqu'il était de sang-froid), il n'avait aucun des préjugés de son siècle ; il pensait toujours avec profondeur, et se conduisait souvent avec étourderie. Enfin, malgré ces inégalités, on l'aimait ; il était impossible de ne le pas trouver aimable et même attachant, parce qu'il portait toujours dans la société un cœur sensible, de la droiture, et un fond de gaîté que ses passions et ses chagrins n'avaient pu détruire. Il avait toujours eu beaucoup de goût et d'inclination pour Isambard, dont le caractère lui convenait mieux que celui d'Olivier. Isambard brûlait de le questionner sur ses aventures ; Ogier, de son côté, desirait de l'entretenir en particulier ; et comme le malheureux Olivier se levait fort tard, et qu'Isambard sortait de sa chambre au point du jour, ils se donnèrent rendez-vous pour le lendemain à sept heures du matin. En effet, le jour suivant, Isambard se rendit, à l'heure convenue, dans le cabinet d'Ogier, qui, consentant à satisfaire pleinement la curiosité d'Isambard, lui conta de la sorte sa singulière histoire.

NOTES

DU PREMIER VOLUME.

(1) Les vieilles chroniques disent en effet que Roland, neveu de Charlemagne, eut pour ami *Olivier*, et que l'un et l'autre furent tués à la bataille de Roncevaux. On dit que les restes d'Olivier et de Roland furent transportés à Blayes, où ils reposent dans une belle église. On ajoute que Roland, en expirant, brisa sa fameuse épée, nommée *Durandal*. C'était l'usage des Chevaliers, lorsqu'ils mouraient, de briser leur épée, ou de la donner à leur ami le plus cher. J'ai supposé qu'Olivier n'avait été que dangereusement blessé à cette bataille, et qu'il survécut au malheureux Roland.

(2) *Lancelot* était un des plus fameux *Preux*, du temps de Charlemagne. *Angilbert* était un Seigneur de la cour, très-savant et très-aimable, dit M. Gaillard ; son goût pour la poésie grecque l'engagea à prendre le nom d'*Homère* dans l'académie littéraire fondée par Charlemagne, académie dont il fut membre ; car, comme je l'ai déjà dit, chaque académicien prenait un surnom analogue à son goût et à ses talens. Angilbert fut aimé de Berthe, l'une des filles de Charlemagne. Quelques historiens prétendent qu'il l'épousa secrètement du consentement de l'Empereur, comme Eginard épousa la princesse Emma,

autre fille de Charlemagne ; mais ce qu'il y
a de certain, c'est que Berthe eut deux enfans d'Angilbert : l'un fut *Nitard*, connu
pour avoir écrit une partie de l'histoire de
son temps ; l'autre, nommée *Harnide*, vécut
et mourut dans l'obscurité. Angilbert renonça
dans la suite au monde et aux faveurs des souverains et des princesses. Il se fit moine, et fut
abbé de Saint-Riquier.

(3) Je fais parler ici Charlemagne, con-
formément au caractère que l'histoire lui
donne. On sait que ce roi sans préjugés
(et dans le huitième et neuvième siècles !)
n'attachait aucun prix à la naissance, et qu'il
autorisa le mariage secret de cette même princesse Emma avec son secrétaire Eginard. Cette
anecdote sera rapportée avec détail dans le cours
de cet Ouvrage.

(4) Aucun des vastes domaines (dit M. Gaillard) que possédaient autrefois les Saxons,
n'a retenu le nom de Saxe, excepté cette
faible portion qui porte aujourd'hui le nom de
Basse-Saxe. Les Allemands, qui n'occupaient
qu'une petite contrée de la Germanie, et qui
n'égalaient pas, à beaucoup près, la puissance
des Saxons, ont eu l'honneur de donner leur
nom à la Germanie entière. Ce ne fut qu'au
douzième siècle, sous l'Empereur Barberousse,
que les Germains prirent le nom d'Allemands.

(5) Pour prouver que Charlemagne est un
des plus grands hommes qui aient honoré l'humanité, il ne faut que rapporter fidèlement
les principaux traits de son histoire. Je citerai
d'abord l'abbé de Mably, qu'on n'accusera pas
d'avoir flatté les rois, si l'on se rappelle la
manière dont il a parlé de Charles V, surnommé le Sage, et de tant d'autres. Je vais

copier littéralement les passages de cet auteur qui sont relatifs à Charlemagne.

Charlemagne apprit aux Français à obéir aux lois, en les rendant eux-mêmes leurs propres législateurs. Pépin avait commencé la réforme, en se faisant une règle de convoquer tous les ans, au mois de mai, les évêques, les abbés et les chefs de la noblesse, pour conférer sur les besoins de l'état. Charlemagne perfectionna cet établissement ; il voulut que les assemblées fussent convoquées deux fois l'an. Il ne crut pas qu'il suffît d'y appeler les grands, il y fit entrer le peuple. Tant que le champ de Mars avait subsisté sous les premiers successeurs de Clovis, tout homme libre qui vivait sous la loi salique ou sous la loi ripuaire, avait le privilége de s'y rendre, et occupait une place ; mais depuis que les Français possédaient un pays très-étendu, cela n'était plus praticable. Charlemagne introduisit le peuple au champ de Mars par députés ; on réglait les affaires dans ces assemblées. Charlemagne, par respect pour la liberté publique, n'assistait pas aux délibérations. Quelquefois les trois chambres du clergé, de la noblesse et du peuple se réunissaient pour conférer ensemble. Le prince ne se rendait à l'assemblée que lorsqu'il y était appelé. c'était toujours pour y servir de médiateur, lorsque les contestations étaient trop animées, ou pour donner son consentement aux arrêtés de l'assemblée ; alors il proposait quelquefois lui même ce qu'il croyait le plus avantageux à l'état ; et avant de se séparer, on portait enfin ces lois connues sous le nom de *Capitulaires*, et qui furent publiées sous le nom du prince. Il n'est pas possible de douter que la puissance législative ne résidât dans le corps entier de la nation ; Charlemagne et Louis le Débonnaire en avertissent eux mêmes, et les capitulaires disent positivement que la loi n'est autre chose que la volonté de la nation, publiée sous le nom du prince. Charlemagne a le privilége de faire des réglemens provisoires dans les cas urgens ; on les distingue formellement des lois, et ils n'en acquièrent la force et l'autorité que quand le champ de Mars les a adoptés. Ce prince fut d'autant plus grand, que la nation avilie, loin de demander la liberté, ne desiroit qu'un gouvernement despotique plus favorable à sa paresse.

Les officiers du palais de Charlemagne étaient chargés d'aider de leurs conseils les malheureux qui venaient chercher du secours contre la misère, l'oppression et la calomnie, ou ceux qui s'étant acquittés de leurs devoirs avec distinction, avaient été oubliés dans la distribution des récompenses. Il était ordonné à chaque officier de pourvoir à leurs besoins, de faire passer au prince leurs requêtes, et de se rendre leur solliciteur. Ce prince bannit le luxe de sa cour, et y établit la plus sévère économie. Sa femme, impératrice et reine de presque toute l'Europe, avait soin des meubles du palais, payait les gages des officiers, réglait les dépenses de la bouche et des écuries, et faisait les provisions nécessaires à sa maison (1). Charlemagne gouvernait ses domaines avec autant de prudence que l'état

---

(1) Ce qui prouve combien il y avait peu de luxe dans le palais du plus grand et du plus puissant monarque de l'univers. Car il serait impossible aujourd'hui qu'une seule personne pût régler toutes les dépenses de la maison d'un souverain.

veillait à ce qu'ils fussent cultivés avec soin,
et ordonnait de vendre les légumes qu'il ne pouvait consommer. (Voyez *les Observations sur
l'histoire de France, par l'abbé de Mably*.)

Ajoutons que pour se faire une idée de l'économie de Charlemagne, il faut savoir à quelle
grandeur elle était jointe: il ordonnait, dit
M. de Montesquieu, qu'on vendît les œufs de
ses basses-cours, et les herbes de ses jardins, et
il avait distribué à ses peuples toutes les richesses
des Lombards et les immenses trésors de ces Huns
qui avaient dépouillé l'univers.

Écoutons maintenant sur le même sujet
M. Gaillard, cet historien élégant et moral,
et si justement estimé par ses talens, son exactitude et son impartialité. Les passages qu'on
va lire seront (ainsi que ceux que j'ai cités ci-
dessus) fidèlement copiés.

Charlemagne joignait à la plus sévère économie, la magnificence qui peut ajouter à l'éclat
du trône. On vante beaucoup le palais qu'il fit
bâtir à Aix-la-Chapelle ; on y voyait de vastes
portiques, de superbes galeries.... La chambre
du roi était, dit-on, disposée de manière qu'il
voyait tout ce qui entrait dans les salles et les
divers appartemens ; petit agrément qui pouvait offrir un grand sens, et donner une grande
leçon : c'est que le prince doit tout voir ......
Charlemagne avait fait creuser de vastes bassins,
où plus de cent personnes pouvaient non-seulement se baigner à la fois, mais nager sans se
rencontrer..... Il excellait dans cet exercice
comme dans tous les autres ; il prenait ce divertissement avec ses enfans, ses officiers,
ses soldats, avec tous ceux qui voulaient le
partager, sans distinction de rang ni d'état.
Sa popularité en tout égalait sa magnifi-

cence . . . . Il avait conçu un projet qui prouve combien les grandes choses étaient familières à ce prince. Dans un temps où personne n'avait encore songé au bien public, il voulait faire communiquer l'Océan germanique et la Mer noire, par le Rhin et par le Danube, en joignant ces deux fleuves par des rivières intermédiaires . . . . il tenta aussi d'unir la Moselle à la Saône . . . . Il eut toujours la politique sublime de faire grace de la vie à tous ceux qui conspirèrent contre la sienne ; et même la plupart ne furent qu'exilés . . . . (1). Charlemagne fut le plus tendre des pères : son indulgence pour Emma , pour Rotrude, fut extrême ; la mort de cette dernière lui causa une douleur dont quelques historiens cherchent à l'excuser , comme si la sensibilité était une faiblesse dans les rois . . . . Charlemagne voulait que ses fils partageassent sa gloire ; il aimait à exercer leur valeur et à cultiver leurs talens . . . . Il avait entendu parler de la magnificence du jeune roi d'Aquitaine , Louis ; il craignit que cet éclat ne fût fatal à ses peuples : il envoya en Aquitaine un homme de confiance, nommé Archambaud , chargé secrètement d'examiner la conduite de Louis. . . . Archambaud assura Charlemagne que l'administration de ce prince était très-sage , et ses peuples très-heureux . . . . . Charlemagne fit part de ces bonnes nouvelles à ses courtisans : *Mes amis* , leur dit-il, *réjouissons-nous de ce que ce jeune homme est déjà plus sage et plus habile que nous* . . . . Charlemagne, bien convaincu des avantages de l'harmonie et de la concorde , cherchait à unir les

---

(1) Les points de cet extrait n'indiquent que des lacunes.

différens ordres de l'état, comme les politiques vulgaires cherchent à les diviser. Soyez unis, disait-il à ses peuples, et nous serons tous heureux.... Jamais prince ne fur si pénétré de l'obligation de rendre la justice à tous ses sujets, ni si convaincu de cette importante vérité, *que la promptitude de l'expédition fait partie de la justice qui leur est due.* Il voulait qu'on le réveillât à toute heure de la nuit pour entendre toutes les plaintes qu'on avait à lui porter. S'il restait quelqu'affaire que le comte du palais n'eût pas pu terminer dans le jour, il avançait le lendemain l'heure de son réveil pour la terminer lui même. Jamais plaideur ne vit un seul instant la sérénité disparaître de son visage, et ne surprit dans ses mouvemens une trace d'impatience ou d'ennui. Charlemagne est, à cet égard plus encore qu'à tant d'autres, le meilleur modèle à proposer aux rois et aux juges..... Comme législateur, il montra le plus grand génie.... (1). Un de ses capitulaires contient une disposition très-utile, et qui a été dans la suite la source de toute instruction. Les évêques y sont exhortés à établir des écoles d'instruction publique..... Il en établit lui-même pour l'enfance et pour l'âge mûr..... Il établit aussi une école pour le grec à Osnabruck. Dans la lettre circulaire qu'il écrivit aux métropolitains et aux abbés pour l'établissement de ces écoles, il dit expressément: « Il vaut » mieux sans doute faire le bien que de le

---

(1) En effet, les lois proposées ou approuvées par lui, sont en général admirables; elles ont pour base la raison, l'humanité et la plus saine morale; elles ont, dit Montesquieu, un esprit de prévoyance qui comprend tout, et une certaine force qui entraîne tout.

» connaître, mais on le fait plus sûrement
» quand on le connaît..... Des soldats de
» l'église tels que vous, doivent être des
» hommes pieux et savans ; nous souhaitons
» sur-tout que vous viviez bien, mais nous sou-
» haitons aussi que vous parliez bien ».

Il veillait attentivement sur les progrès des
jeunes écoliers, et il prenait plaisir à examiner avec les maîtres leurs compositions.
Il trouva un jour que les enfans du peuple,
qu'il faisait instruire avec la jeune noblesse,
avaient eu sur celle-ci un avantage très-marqué :
il jura que les pensions et les évêchés seraient
pour eux ; et se tournant vers les enfans des
nobles : « Pour vous, leur dit - il, vous
» comptez, je le vois, sur le mérite de vos
» ancêtres, mais il faut que vous sachiez qu'ils
» ont reçu leur récompense, et que l'état ne
» doit qu'à ceux qui se rendent capables de le
» servir et de lui faire honneur par leurs ta-
» lens..... ».

On a vu Louis XIV résister presque seul
aux efforts de l'Europe conjurée ; mais Louis
XIV, sans sortir de Versailles, faisait préparer de grandes choses par de grands mi-
nistres, et les faisait exécuter par de grands
généraux. Charlemagne étoit seul son ministre
et son général ; il dirigeait tout, il exécutait
tout, il était par-tout ; nous l'avons vu plus
d'une fois venir achever sur les bords du
Rhin, du Veser ou de l'Elbe, une campagne
qu'il avait commencée sur les bords de l'Ebre
ou de l'Ofanto. « Personne, dit M. de Mon-
» tesquieu, n'eut à un plus haut degré l'art
» de faire les plus grandes choses avec faci-
» lité, et les difficiles avec promptitude. Les
» affaires renaissaient de toutes parts, il les

» finissait de toutes parts ». Charlemagne, bien éloigné de la petitesse d'esprit, qui même en corrigeant un abus, ne veut point avouer l'abus, commence un de ses règlemens par ces mots : *Voulant nous corriger nous-mêmes, et donner cet exemple à nos successeurs, etc......* Charlemagne ne perdait pas un moment, il se faisait toujours lire à table, tantôt l'écriture sainte, tantôt l'histoire des rois ses prédécesseurs, où il apprenait à ne pas les imiter..... Il fit un recueil de chansons militaires, qui composaient alors presque toutes notre histoire, et qui célébraient les plus belles actions guerrières de nos premiers rois, auxquelles succédèrent les chansons de Roland et d'Olivier... Ce prince savait les langues étrangères de son temps ; il passait pour parler assez bien le latin, et savait même le grec ... Il faisait des vers latins ; son style était même plus correct en vers qu'en prose ; l'épitaphe qu'il fit du pape Adrien n'est pas sans mérite. On a de lui plusieurs ouvrages.... Il composa une grammaire pour la langue tudesque.... Il était excellent astronome pour son temps.... Il cultivait les arts agréables. On sait, dit l'abbé le Bœuf, qu'il lisait Vitruve, et s'entendait en bâtimens. L'église d'Aix la-Chapelle, si vantée par les auteurs du temps, fut, dit-on, bâtie d'après ses plans.... Jamais prince ne montra plus de bienfaisance, et ne fit de plus abondantes aumônes.... Charlemagne est le premier prince du monde qui ait été honoré du titre de majesté. Ce n'est que depuis le synode de Worms, tenu, à ce qu'on croit, vers l'an 883, que ce titre a été donné aux rois. Les païens même appelaient Charlemagne *le père de l'univers.* Ce titre le caractérise et le distingue de tous les grands hommes et de tous

les

les bons rois. Enfin Charlemagne, avec des défauts qui étaient de son siècle, des talens, des
lumières et des vertus qui n'étaient que de lui,
fut certainement le plus extraordinaire des hommes, le plus étonnant des monarques, et les
Français furent, sous son règne, le premier
peuple du monde. (*Histoire de Charlemagne,
en quatre volumes, par M. Gaillard.*)

On n'a pas mis dans cet extrait plusieurs
beaux traits de la vie de Charlemagne, parce
qu'on les a placés dans l'Ouvrage même.

(6) Ce bois sacré n'est point une supposi-
tion. Tous les peuples idolâtres de ce siècle
avaient conservé l'antique vénération pour de
certains bois, qu'ils appelaient, comme les
Grecs et les Romains, *bois sacrés*, et l'usage
de consacrer des arbres, soit à des divinités, soit
à des hommes qu'on vouloit honorer. Ces superstitions se perpétuèrent même dans les
siècles infiniment postérieurs à celui de Charlemagne. Bayle rapporte qu'un nommé Léonard
Rubénus, qui se fit moine en 1596, ayant reçu
ordre de ses supérieurs d'aller à Dorpat, ville
de Livonie, trouva sur son chemin les bois
sacrés des Estoniens. Il y vit un superbe pin
dont les branches étaient couvertes de morceaux
de vieux draps, et le pied entouré de bottes de
paille et de foin ; on lui apprit que les femmes
des environs, heureusement accouchées, appor-
taient là ces offrandes ; qu'on avait aussi la coutume en certains temps de faire au pied de cet
arbre des libations de bière, etc.

Outre leurs arbres sacrés, les anciens avaient
une semblable vénération pour plusieurs plantes.
Ils appelaient la verveine l'*herbe sacrée*. Pytha-
gore regardait la mauve comme une herbe
sacrée, et défendait à ses disciples d'en

Tome I. P

manger, ainsi que des fèves. On trouve encore aujourd'hui des superstitions de ce genre chez plusieurs peuples sauvages. On voit au Sénégal, dit M. de Bomare, une plante nommée *dea*, que les nègres révèrent comme sacrée. Ils assurent qu'un homme poursuivi en guerre ou pour quelque crime, qui se réfugierait auprès de cette plante, y serait à l'abri de ses ennemis et de leurs flèches empoisonnées. Il me paraît naturel que le culte rendu aux divinités champêtres ait subsisté long-temps après l'abolition du culte des *grands dieux*. On pouvait en peu de temps détruire les autels et les temples des villes; une religion sans morale est bientôt oubliée, quand on a renversé ses idoles, c'est-à-dire les signes extérieurs qui la rappellent. Mais la simplicité et la pauvreté mettent à l'abri des révolutions de tout genre. Les gens de la campagne devaient conserver plus long-temps leurs erreurs, eux qui n'élevaient que des autels de gazon, qui n'avaient pour temples que des bocages ou des forêts, et qui adoraient le soleil et la lune, non dans les superbes cités de Delphes et d'Ephèse, mais dans les vallées ou sur les montagnes. Voilà pourquoi Jupiter, le maître des dieux, et les autres divinités du premier ordre, tombèrent promptement dans le plus profond oubli, tandis que les rites du culte des divinités subalternes des bois et de la campagne se sont perpétués jusqu'à nos jours. On retrouve encore aujourd'hui dans la Grèce, à certaines époques de l'année, au printemps, dans le temps des moissons et des vendanges, la plupart des cérémonies et des usages qui s'observaient parmi les anciens aux fêtes de Cérès, de Flore et de Bacchus.

(7) L'usage d'arroser avec du vin les arbres précieux, est de toute antiquité, et j'ai vu cet usage subsister encore en France dans quelques provinces, dans l'ancienne cérémonie de la *plantation du mai*. Les Grecs et les Romains, dit M. de Bomare, faisaient tant de cas du platane, qu'ils l'arrosaient avec du vin : on observait la même chose pour les arbres sacrés.

(8) Tous les peuples, dans tous les temps, ont toujours exprimé avec transport leur admiration et leur reconnaissance ; ces sentimens passionnés du cœur humain ont donné lieu à différentes formules d'acclamations ; les Hébreux criaient *hosanna*, les Grecs *bonne fortune*. Les barbares, toujours belliqueux, exprimaient leur approbation par un bruit confus de leurs armes : chez les Romains vertueux et libres, ce ne fut d'abord que des cris de joie ; mais sous les empereurs, c'est-à-dire, sous le despotisme, ce mouvement d'enthousiasme devint un art ; un musicien donnait le ton, et le peuple faisant deux chœurs, répétait alternativement la formule d'acclamation. On lit dans l'Encyclopédie, que Néron, lorsqu'il jouait de la lyre sur le théâtre, avait pour premiers acclamateurs Sénèque et Eurrhus, soutenus de cinq mille soldats nommés Augustales, qui entonnaient ses louanges, que le reste des spectateurs était obligé de répéter (1). Ces acclamations en musique durèrent jusqu'à Théodoric. J'ai vu jadis en France des usages de ce genre aussi

____

(1) Sénèque et des guerriers entonnant en chœur les louanges de Néron ! .... Quel emploi n'a-t-on pas fait, dans tous les siècles, de la philosophie et de la valeur ! ....

surprenans, et, s'il est possible, plus ridicules encore. A des séances publiques, des académiciens s'assurant, avec des billets, un grand nombre d'*acclamateurs* .... J'ai vu, lorsque le roi ou la reine étaient aux spectacles, le peuple n'oser applaudir nos chefs-d'œuvre dramatiques, parce qu'en présence du roi et de la reine, on ne pouvait applaudir qu'eux seuls. Dès qu'ils se montraient, il fallait n'éprouver d'enthousiasme que pour eux, il fallait être insensible aux vers de Corneille et de Racine, aux actions du Cid et de Titus, et au jeu de le Kain. Je n'ai pas remarqué si cet usage existe dans d'autres cours, et je crois qu'il était particulier à la nôtre. Au reste le blâme que mérite un tel orgueil dans un homme tel qu'il soit, ne doit tomber que sur l'inventeur de l'étiquette ; car ceux qui trouvent l'usage établi le laissent subsister sans y réfléchir, et sans même y attacher de prix.

(9) Je dis pour me conformer aux usages actuels, et afin d'être entendu sans une longue et froide explication, qu'Isambard *entendit sonner minuit* ; j'aurais dû dire qu'il *entendit crier minuit*. Vers l'an 807, Aaron Raschild fit présent à Charlemagne d'une horloge à rouages, mais ce n'était pas une horloge sonnante, car il n'en existait pas de telles du temps de Charlemagne ; il n'y en eut que vers le milieu du quatorzième siècle : de-là vient l'ancienne coutume qui se conserve en Allemagne, en Suisse, en Hollande, en Flandre, en Angleterre, d'entretenir des hommes qui avertissent de l'heure pendant la nuit. Avant cette horloge à rouages donnée à Charlemagne, le pape Paul Ier avait envoyé à Pepin-le-Bref une machine semblable, qui passa alors pour un ouvrage unique dans le monde.

(10) Voici ce que dit M. Gaillard au sujet d'Egbert :

Un des plus grands rois de l'Angleterre, et qui devait un jour en être le seul roi, Egbert, chassé pour un temps de son pays par la persécution, trouva un asyle dans la cour de Charlemagne, et apprenant de lui à réunir des états, y médita et y mûrit le grand projet de l'extinction de l'heptarchie; il accompagna Charlemagne au voyage de Rome.... Lorsqu'il partit pour réunir l'Angleterre sous ses lois, Charlemagne, en l'embrassant, lui fit présent de son épée. « Elle a vaincu mes ennemis, » dit-il; j'espère qu'elle aura la même vertu » contre les vôtres ». Elle n'est plus dans la même main, répondit Egbert; mais votre disciple tâchera de suivre les leçons et les exemples d'un tel maître.

(11) On comprend qu'un peuple avili par un long usage de la servitude se laisse dominer par la terreur, du moins pour un temps; car on voit qu'en Turquie et sous les gouvernemens de ce genre, il finit par assassiner ou déposer ses tyrans, s'ils sont sanguinaires. Mais on ne conçoit pas qu'un peuple qui vient de briser les fers du despotisme, et au milieu même de ses triomphes, se laisse tout-à-coup subjuguer par la terreur, et devienne subitement l'esclave du tyran le plus abject et le plus inhumain.... O Français ! peuple sensible et généreux, non, vous n'avez point participé aux forfaits qui ont souillé ma malheureuse patrie, mais vous les avez soufferts ! vainqueurs de vos nombreux ennemis, vous avez ployé sous le joug affreux du monstre et de ses complices ! Ah ! la mort de ces vils scélérats ne peut suffire pour expier votre coupable

faiblesse ! vous semblez desirer enfin le règne heureux et florissant de la justice ; mais songez qu'après tant de crimes, après tant de sang innocent répandu, vous ne pouvez devenir équitables sans être désormais indulgens et généreux. Ajoutez à la gloire des armes, la gloire plus réelle et plus durable que donne la vertu. Abolissez d'infâmes décrets qui seraient rejetés chez les nations les plus barbares ; réparez par la clémence, tant de cruautés atroces, et croyez que la liberté n'est qu'un vain fantôme, quand elle n'est pas fondée sur l'amour de l'ordre, sur la justice et sur l'humanité.

(12) Le comte Thédéric était parent et ami de Charlemagne, *son Parménion*, dit M. Gaillard, c'était son meilleur général ; il lui confia souvent des expéditions importantes, entr'autres en Saxe.

(13) Voici comment M. Gaillard rapporte ce trait.

Eginard, secrétaire de l'Empereur, ayant passé une nuit dans l'appartement de la princesse Imma ou Emma, et voulant se retirer avant le jour, trouva la terre couverte de neige : il craignit que la trace de ses pas ne trahît le mystère de ses amours ; il fit part de son inquiétude à Emma, qui prenant son parti d'après les circonstances, le porta sur ses épaules jusqu'au-delà de la neige..... Mais Charlemagne, qui se relevait souvent au milieu de la nuit pour observer les astres, vit ce stratagême de l'amour.... Il assembla son conseil pour le consulter sur cette matière...... Le conseil ne décida rien ..... Charlemagne fit venir Eginard et Emma pour leur annoncer qu'ils étaient découverts, et il se hâta de les marier. (Voyez *histoire de Charlemagne.*)

Bayle, qui rapporte aussi la même histoire, ajoute qu'Eginard était allemand, et qu'après l'aventure de la nuit, se doutant bien que son action ne demeurerait pas long-temps ignorée, il résolut de se retirer ; il allégua que ses longs services n'avaient pas été récompensés. L'Empereur lui répondit qu'il y penserait, et lui désigna le jour où il lui ferait savoir ses intentions. Le même jour il dit à Eginard que pour satisfaire aux plaintes qu'il avait faites de n'être pas assez récompensé, il lui donnait sa fille mariage ; et en effet, continue Bayle, il la lui donna, aussi bien dotée que le pouvait être la fille d'un si grand prince. (Voyez *dictionnaire de Bayle.*)

Quelques auteurs ont regardé cette histoire comme apocryphe ; plusieurs autres ont pensé qu'on ne pouvait la révoquer en doute. Dom Mabillon, loin de rejetter cette anecdote, l'a crue confirmée par le titre de neveu qu'Eginard donne à l'empereur Lothaire, petit-fils de Charlemagne. Les Bénédictins, auteurs de l'histoire littéraire de la France, disent qu'il est difficile de se refuser aux preuves qui établissent la vérité de cette anecdote.

Dans le chapitre où je conte l'histoire des amours d'Eginard et d'Emma, je suppose que l'Empereur écrivit à Eginard, et en faisant écrire Charlemagne, je ne blesse point la vérité historique quoiqu'on ait dit que ce prince si savant ne savait point écrire. M. Gaillard, qui traite cette question avec beaucoup de détail, réfute parfaitement cette opinion. Quelques auteurs, dit-il, ont trouvé piquant et singulier qu'un prince si docte ne sût pas écrire ; mais il résulte du récit d'Eginard et de plusieurs autres historiens contemporains, qu'il existe des ouvrages écrits ou corrigés de la propre main de Charlemagne. Le concile de Fisme, en Champagne, tenu en 881, donnait à Louis III le conseil de suivre l'exemple de Charlemagne, son trisaïeul, qui mettait des tablettes sous le chevet de son lit, pour pouvoir, *lorsqu'il ne dormait pas, jeter sur le papier les idées utiles à la discipline de l'Eglise et à la police de son royaume, qui pourraient s'offrir à son esprit et dans le silence de la nuit, ou qu'il n'avait pu recueillir ou fixer pendant la dissipation du jour.*

M. Gaillard cite le passage latin qui contient cette disposition du concile, dont le rédacteur était le célèbre Hincmar. Observons, ajoute M. Gaillard, que c'est le concile qui, par la plume du plus savant de ses prélats, rend ici témoignage à la science de Charlemagne. Hincmar avait beaucoup vécu avec Louis-le-Débonnaire ; il avait eu part à sa confiance et à son intimité ; il devait avoir été instruit par lui de ce qui concernait Charlemagne ; d'ailleurs la tradition sur ce point était si récente, qu'Hincmar cite un des prélats de l'assemblée comme ayant été instruit par des témoins oculaires.

Fin des Notes.

TRADUCTION

DES

ÉPIGRAPHES

ANGLAISES ET ITALIENNES

DU PREMIER VOLUME.

CHAPITRE II, page *9*. *He comes and with a port so proud*, etc.

Il vient, et avec un air aussi fier que s'il eût subjugué le spacieux univers. . . . . . Tandis que des échafauds (dressés pour la fête), des fenêtres du sommet des maisons, on jette une telle quantité de fleurs, que chaque personne de la foule en est couronnée comme un conquérant; et la ville entière ressemble à une verte prairie émaillée d'autant de fleurs qu'un ciel serein offre d'étoiles durant une belle nuit.

CHAP. IV, page 21, *The beast grumbles in death.*

L'animal gémit et meurt.

CHAP. V, page 31. . . . . . . *In arms my brother sworn*, etc.

N'es-tu pas mon frère d'armes? ne nous

sommes-nous pas engagés , par le plus saint de tous les sermens , à nous tenir lieu de tout l'un à l'autre?

Seconde Epigraphe du même Chap. *Alarm'd with ev'ry rising gale*, etc.

Dans chaque bois , dans chaque vallée , effrayé du plus léger souffle du zéphyr....

CHAP. VI , page 38. *Ahi! cieca umana mente*, etc.

Aveugle esprit humain! combien tes juge-mens sont vains et remplis d'erreurs!....

CHAP. VIII , page 52. *Sweet gentle sleep*, etc.

Le doux sommeil ne ferme que les paupières de l'homme heureux : est-il étonnant que je ne ressente plus sa balsamique influence?......

CHAP. IX , page 57. *Avaunt? and quit my sight*, etc.

Fuis ; éloigne-toi. Oh! puisse la terre s'entr'ouvrir pour te cacher et te dérober à ma vue!....

CHAP. XIV , page 183. *Spesso in poveri alberghi*, etc.

Souvent sous l'humble toit des chaumières , on trouve, dans les peines de la vie , plus de fidélité et d'amitié que dans les palais pompeux et dans les cours, séjour de l'envie, de la défiance et de la perfidie , où l'on ne rencontre que le masque trompeur de la bonté et de l'amitié.

CHAP. XV, page 219. *O the pleasure*, etc.

O quel plaisir de décheoir avec aisance , innocence et résignation !

Seconde Epigraphe du même chapitre. *How bless'd*, etc.

Heureux celui qui mène une vie champêtre, exempte de trouble et de soucis rongeurs !

CHAP. XVIII, page 255 .... *E cio che'n te si vede*, etc.

Et ce qu'on voit en toi, et ce qu'on n'y voit pas ; soit que tu parles, ou que tu penses, ou que tu agisses , ou que tu regardes, ou que tu pleures, ou que tu ries, ou que tu chantes, tout est mensonge en toi.

Seconde Epigraphe du même chapitre. *The sounds that tells what hour it is*, etc.

Les sons qui annoncent l'heure , sont pour moi de funèbres gémissemens qui retentissent sur mon cœur !

CHAP. XXI, page 307 ...... *The tombs And monumental*, etc.

Ces froides tombes et ces cavernes de la mort glacent de terreur mon cœur tremblant.

Fin des Epigraphes du premier Volume.